살아주셔서 고맙습니다

나태주
1945년 충남 서천에서 출생하여 시초초등학교와 서천중학교를 거쳐 1963년 공주사범학교를 졸업했다. 1964년부터 2007년까지 43년간 초등학교 교단에서 일했으며 정년퇴임 시 황조근정훈장을 받았다.
1971년《서울신문》신춘문예로 등단하였고, 1973년 첫 시집『대숲 아래서』를 출간한 뒤,『마음이 살짝 기운다』까지 41권의 창작시집을 출간했다. 산문집으로는『시골 사람 시골 선생님』,『풀꽃과 놀다』,『사랑은 언제나 서툴다』,『날마다 이 세상 첫날처럼』,『꿈꾸는 시인』,『죽기 전에 시 한 편 쓰고 싶다』,『좋다고 하니까 나도 좋다』등 10여 권이 있다.
흙의문학상, 충남도문화상, 현대불교문학상, 박용래문학상, 시와시학상, 편운문학상, 한국시인협회상, 고운문화상, 정지용문학상, 공초문학상, 유심작품상, 난고문학상 등의 문학상을 받았으며 지금은 공주에 풀꽃문학관을 설립·운영하고 있으며 풀꽃문학상, 해외풀꽃시인상, 공주문학상 등을 제정·시상하고 있다.

아침책상 산문선 003

살아주셔서 고맙습니다

2019년 10월 29일 초판 1쇄 발행
2020년 07월 10일 초판 2쇄 발행

지 은 이 · 나태주
펴 낸 이 · 최단아
펴 낸 곳 ·【아침책상】
인 쇄 소 · 상지사
주　　소 · 서울시 서초구 서초중앙로 18, 504호
　　　　　 (서초쌍용플래티넘)
전　　화 · 02-928-7016
팩　　스 · 02-922-7017
이 메 일 · lyricpoetics@gmail.com
출판등록 · 209-91-66271

ISBN 979-11-88903-24-05 03810

* 이 책의 판권은 지은이와 도서출판 서정시학에 있습니다.
　양측의 서면 동의 없이 무단 전재 및 복제를 금합니다.
　【아침책상】은 산문집을 출간하는 서정시학의 디비전입니다.
　잘못된 책은 바꾸어 드립니다.

계좌번호 국민 070101-04-072847 최단아(서정시학)
값 14,000원

아침책상 산문선 003

살아주서서 고맙습니다

나태주 산문집

【아침책상】

다시 책을 꾸미며
— 프롤로그

　이 책은 이미 2008년도에 나왔던『꽃을 던지다』란 이름의 책을 재편집한 책입니다. 당초에 나온 책에서 3부의 글을 이 책에서는 1부로 했고 두 번째 투병 생활의 기록을 2부로 했습니다. 그리고 3부에는 병상에서 쓴 시들을 모았습니다.

　이렇게 해서 나의 투병기는 완성되는 셈인데 이 책이 한때 몸을 부리고 힘들게 앓고 있는 분들에게나 하나님에 대한 의심으로 괴로워하는 분들에게 조그만 길잡이라도 되었으면 합니다.

　그야말로 이 책은 하나님의 도우심으로 쓰여진 글들이 모인 책이며 나 자신 기적을 체험한 내용들임을 의심하지 않습니다. 어찌 자신의 육신과 영혼의 병을 두고 거짓증언 하겠습니까! 다시금 하나님께 감사한 마음을 밝힙니다.

2019년
나 태 주 씁니다

아침 기도와 저녁 기도 사이
—『꽃을 던지다』서문

병원에서 퇴원하고 집에서 지내면서 여러 날을 넘기고 있다. 이것만으로도 기쁜 일이 아닐 수 없겠다. 그동안 나는 병원에서 집으로 휴가 나온 사람이거니 여기면서 살았다. 하기사, 우리네 인생살이 자체가 하늘나라에서 지상으로 잠시 휴가 나와서 떠돌고 있는 하루하루가 아닌지 모를 일이다.

앞으로 얼마 동안 이런 마음이 지속될 지는 모르겠다. 날마다 새로 태어난 어린아이 마음으로 살아가고 있다. 무엇이든 새롭고 기쁘게, 감사하게 받아들이며 산다는 게 요즘 나의 생활신조다. 하루하루가 너무 빠르게 지나간다. 아침에 일어나 기도하고, 얼마 되지 않아 또다시 저녁기도를 드릴 시간이 찾아오곤 한다. 그래도 나는 그 남은 시간도 잘 살게 해 주십시오, 기도한다.

아, 우리네 일생은 참으로 이렇게 아침 기도와 저녁 기도 사이, 어슬어슬 황혼이 내려앉는 시간처럼 빠르구나. 병원 생활에 대한 글은 2007년이 가기 전에 병원 생활의 느낌이 몸 안에서 빠져나가기 전에 쓰려고 서둘렀다. 이 책이 나름대로 나에게 특별한 의미를 지닌 삶의 흔적이 되기를 희망한다.

이 책은 무엇보다 나 자신을 위해 만들어진 책이다. 2주일 동안 한숨도 자지 못하고 105일 동안 음식을 먹지 못하고 견딘 날들에 대한 기념물이다. 또한 이 책은 내가 앓고 있는 동안, 그야말로 물심양면으로 도와주고 기도해주신 눈물겨운 이웃들에게 드리는 하나의 감사의 표시요, 또 보고서이기도 하다. 물론 끝까지 읽어주실 것을 믿는다.

2008년 새봄에
나태주

차례

다시 책을 꾸미며   4

아침 기도와 저녁 기도 사이   5

제1부 황망했던 날들의 기록

다시 이 집으로 돌아올 수 있을까?   12
중환자실에서의 1주일   16
아들아이와 더불어   24
검은 지평선   29
2주일 만에 잠을 자다   36
꽃을 던지다   40
고마운 문장들   47
노인의 기도   54
바다 건너온 문병객   58
끝없는 악몽   63
십계명을 외우다   68
구원에의 확신   72
한계에 이른 내과적 치료   76
4시간의 외출   81
병원을 옮기던 날   84
C라인을 뚫던 밤   94

외과에서 내과로	99
이성구 교수	103
울면서 보낸 날들	108
나는 오늘 산을 그렸다	115
새로운 미각	118
수녀와 가수	121
김남조 선생	130
소중한 사람	141
병상에서 출간한 시집	146
그것이 나를 일으켰다	151
병원 뜨락에서	161
끝까지 지켜준 사람들	166
햇살 밝은 양지엔 언제나 당신이 있습니다	178
올무에 걸렸으나	181
나는 왜 사는가?	185
이만큼이라도 지금이라도	191

제2부 멋쟁이 하나님

날마다 여행길	198
다시 집을 떠나며	201
다시 찾은 서울아산병원	204
힘겨운 첫 수술	206
고마웠다고	213
어지러운 정신으로 만난 사람들	217
기도의 용사	220
병원에서 맞은 아내의 회갑	224
「풀꽃」이란 시	228
병실 안에서 만난 사람들	231
또다시 악몽에 시달리다	236
뜬눈으로 지새운 밤들	241
멋쟁이 하나님	244
살고 싶어서 산다	249

제3부 병상 시편

그 실은 멀리 갔던 길	256
누군가가 어깨를 쳤다	257
한밤중의 꽃가지	258
월요일	259
새봄	260
울던 자리	261
카네이션	262
어버이날	263
간병인	264
교직의 마지막 꿈	265
소리	266
부탁 1	267
병원 여행	268
빚	269
행운의 항목	270
목숨의 강물	271
비원	272
링거	273
짝사랑	274
카네이션을 드리며 어머니께	275
밥 한 그릇	276
아! 어머니	277
두 사람의 시계	278
노부부	279

저녁	280
꽃이 되어 새가 되어	281
부탁 2	282
시간	283
입원	284
인생	285
그날 이후	286
병원행	287
세상에 취해	288
집	289
가을 들길	290
다시 9월이	291
희망	292
너무 그러지 마시어요	293
아내	294
부부 1	295
부부 2	296
아직은 아니다	297
깊은 밤	298
친구 1	299
친구 2	300
감사	301
연인	302
자연과의 인터뷰	303
무궁화 꽃이 피었군요	304
꼬리풀들에게	305

제1부

황망했던 날들의 기록

다시 이 집으로 돌아올 수 있을까?
― 입원하던 날

내 생애에 이토록 황망한 날이 또 있었을까. 그건 한꺼번에 몰아닥친 회오리바람 같은 것이었다. 태풍이었다. 허리케인이거나 쓰나미 같은 것이었다. 내가 가진 모든 것들을 송두리째 휩쓸어 날려버릴 것만 같은 기세로 몰아닥친 위기의 시간들이었다. 신의 작정이거나 계시였을까. 인간의 한정된 생각과 짐작으로는 도저히 상상조차 되지 않는 깊고도 커다란 삶의 웅덩이였다. 개인적으로 너무나 커다란 사건이요 충격이었다.

저녁 무렵부터 배가 아파 오기 시작했다. 2007년 2월 28일. 그냥 배가 아픈 것이 아니라 뱃속 깊숙이로부터 우러나오는 아픔이었다. 밥을 먹을 수도 없었고 물을 마실 수도 없었고 잠을 잘 수도 없었다. 그렇다고 편안히 앉아 있을 수도 없었고 누워 있을 수도, 서 있을 수도 없었다. 다만 아프고 아프고 또 아플 뿐이었다. 소화제를 먹어보고 청심환을 먹어보아도 소용이 없었다. 먹는 대로 토했다. 걱정스럽게 지켜보던 아내가 병원으로 가자고 말했다. 새벽 2시쯤 되었을까. 아내가 거실 쪽에서 슬슬 짐을 챙기고 있었다. 병원에 갈 준비를 하고 있는 것 같았다. 아내가 다시 병원에 가자고 졸랐다.
"여보, 한 시간만 더 기다려 주구려. 아무래도 이번에 집을 떠나면 돌아오지 못할 것 같아서 그래요."
나는 방바닥을 뒹굴며 기어 다니며 한 시간을 더 버텼다.

나는 그동안 얼마나 나의 집을 좋아하는 사람이었던가. 내 책들이 빼곡히 있고 쪽책상이 놓여 있고 나의 이부자리가 있는 이 방을 나는 얼마나 좋아했던가. 끝없는 육신의 아픔 속에서도 나는 방안을 둘러보고 또 둘러보았다. 시계는 3시를 가리키고 있었다. 더는 견딜 수 없을 것 같았다.
"여보, 갑시다. 우리 병원으로 갑시다. 더는 안 되겠어요."
나는 다급하게 말하면서 양복을 챙겨 입었다. 119에 전화했으나 대전의 병원까지는 데려다 주지 않는다 해서 택시를 불렀다. 밖은 추웠다. 바람이 불고 눈발까지 날리고 있었다. 택시도 쉽게 오지 않았다. 우리는 짐 보따리를 들고 어두운 도로 가에서 한참동안 기다리고 있었다. 서 있을 수조차 없어서 나는 아스팔트 바닥에 주저앉아 있었다.
"내가 많이 아픕니다. 가능한 대로 빨리 갑시다. 목적지는 대전 을지대학병원 응급실이오."
나는 운전기사가 묻기도 전에 빠르게 말해주었다.

택시 기사는 조심스러우면서도 속력을 내어 차를 몰았다. 택시가 시내지역을 벗어나 금강변을 달리기 시작했다. 나는 아내더러 김찬 교수에게 전화를 걸어달라고 부탁했다. 김찬 교수는 을지의과대학 교수인데 내가 오래 전 경기도에서 선생을 할 때 담임했던 학생의 동생이 되는 사람이다. 아내는 이런 때를 대비하여 김찬 교수의 전화번호를 자기 수첩에 적어두고 있었다. 그런 면에서 아내는 참 현명한 사람이라 할 것이다.

"김 교수요? 내가 많이 아픕니다. 이거 새벽시간 잘 시간인데 미안하오, 지금 을지대학병원 응급실로 공주에서 가고 있습니다. 앞으로 2, 30분이면 도착할 거요, 좀 도와주시오."

다음엔 대전에 살고 있는 아들아이에게 전화를 걸었다.

"윤이야, 놀라지 마라. 아버지가 많이 아프다. 죽을 것같이 아프다. 지금 대전, 을지대학병원 응급실로 가니 거기로 와라. 올 때는 자동차 운전하지 말고 택시 타고 와라."

병원에 도착하니 4시가 되었다. 응급실 앞 붉은 간판 글씨 아래 젊고 건장한 남자 두세 명이 서성이다가 사람을 맞았다.

"누가 환자신가요?"

"나요, 내가 환자요. 안으로 안내하시오."

나는 청년들의 안내를 기다릴 사이도 없이 급하게 걸어서 응급실 안으로 들어갔다. 우선 커다란 의자에 앉혀졌다. 택시 안에서도 구역질을 했는데 병원에 도착하자 구역질이 더욱 심해졌다. 얼마 지나지 않아 아들아이가 오고 김찬 교수가 도착했다. 나는 김찬 교수에게 급히 물었다.

"김 교수, 내가 아무래도 췌장에 문제가 생긴 것 같아요."

"선생님, 의사들이 가장 싫어하는 환자는 의사 환자랍니다. 그리고 사람의 뱃속이 워낙 복잡해서 쉽게 무어라 속단하기 어렵습니다."

그건 조용한 질책이었고 대답 회피였다.

몇 차례 주사가 놓아지고 침대에 옮겨졌다. 옷이 벗겨지고 환의患衣가 입혀졌다. 그 때부터 기억이 오락가락했다. 시간 개념도 사라져갔고 눈앞에 있는 물체들도 보였다 안 보였다 했다. 김 교수가 나서서 이리저리 끌고 다니면서 검사를 받기도 하고 사진도 찍고 그러는 것 같았다. 나한테 도대체 무슨 일이 일어나고 있는지 잘 알 수가 없었다. 다만 나는 정신의 끈을 아주 놓지 않으려고만 이를 악물고 또 악물었다. 침대차에 실린 채 여러 번 옮겨지고 난 뒤에 나는 응급실에서 중환자실로 옮겨졌다. 그 날 하루 응급실에서 나온 치료비만도 백 만 원이 넘었다 한다. 진통제를 놓아도 한 시간을 넘기지 못하고 계속해서 고통을 호소했다고 한다. 그렇게 해서 나는 길고 긴 병원 생활의 터널 속으로 빨려 들어갔다.

중환자실에서의 1주일

중환자실이란 공간은 아주 특별한 곳이다. 외부와 접촉이 극도로 차단되어 환자 가족이나 문병객들에게도 함부로 접근이 되지 않는 공간이다. 삶과 죽음이 경각에 달려 있는 위험한 환자들만 들이는 병실이라 그럴 것이다. 중환자실은 하루 24시간 동안 불이 꺼지지 않는다. 불빛이라도 조도가 아주 높은 불빛이다. 오래 지내다 보면 낮인지 밤인지 분간이 도무지 안 되는 공간이다. 중환자실 환자의 오른팔엔 자동혈압기가 채워져 있고 왼팔엔 인퓨전 펌프Infusion Pump(그것도 두개나)와 연결된 주사바늘이 꽂히고 다시 오른손 둘째손가락엔 산소측정용 골무가 씌워져 있어서 옴짝달싹 못하도록 되어 있다. 그야말로 사로잡힌 짐승 꼴이다. 또 자력으로 용변이 해결 안 되는 환자를 위해 기저귀가 채워지기도 했다. 중환자실에서는 간호사들의 힘이 막강해 보였다. 간호사 한 사람이 두 사람의 환자를 보살피게 되어 있는데 규율이 엄격해 보였다. 때로 환자를 너무 혹독하게 함부로 다룬다 싶은 생각이 들 때도 없지 않았다. 특히, 병실을 책임지는 간호사의 말 한 마디에 모든 일이 통제되는 듯싶었다. 조그만 실수 하나도 용납되지 않았고 환자의 요구도 쉽게 받아들여지지 않았다.

나는 1주일 동안 중환자실에서 한 숨도 잠을 자지 못하는 환자였다. 두 눈에 불을 켠 밀림의 짐승처럼 으르렁댔다. 육신의 아픔도 그렇거니와 한번 잠이 들면 영영 그 잠에서 깨어나지 못할 것만 같은 불안감 때문에 잠을 잘 수 없었다. 어떻게든 살아서 그 방을 나가고 싶었다. 그것만이 간절한 하나의 소망이었다. 오직 끝까지 버텨야 된다는 일념뿐이었다. 그러려면 잠이 들어서는 안 되는 일이었다. 나로선 그 길밖엔 딴 방법이 없었다. 중환자실 간호사들은 환자들을 모두 할아버지, 할머니라 불렀다. 나보고도 서슴없이 할아버지라 불렀는데 난 그런 호칭부터가 마음에 들지 않았다. 24시간 불이 꺼지지 않는 백색의 공간도 싫었고(나중에는 두려웠고) 간호사들의 억압적이고 냉정한 간호 태도도 기분이 좋지 않았다. 중환자실 환자들은 대부분 의식이 없는 환자들이다. 그러나 나는 끝까지 의식의 줄을 놓지 않았다. 의식이 있는 사람에게 중환자실은 지옥과 같은 곳일 수밖에 없었다.

 가족이 면회 오기만 하면 중환자실에서 제발 나갈 수 있게 해달라고 졸라댔다. 그러나 나의 소청은 쉽게 받아들여지지 않았고 중환자실에서의 날들이 길어졌다. 나의 몸 상태가 매우 위태로웠기 때문이다. 병원 측에서나 가족 측에서 나를 중환자실에서 데리고 나오는 일이 안심이 되지 않았을 것이다. 전신은 갑작스런 황달로 노랑 은행잎 빛깔로 변했다고 한다. 두 눈빛 또한 그랬었다고 한다. 그건 내가 보아도 조금은 알 것 같았다. 거울을 볼 수 없는 환경이었으므로 나의 얼굴을 내가 볼 수는 없었지만 다리나 팔뚝의 환의를 걷어보면 붓으로 노랑 물을 칠해놓은 듯 얼룩얼룩했다. 복강으로 흘러내린 담즙과 췌장액으로 하여 장기가 부어올라 폐가 오그라붙는 바람에 호흡이 힘겹기도 했다. 이 같은 사실도 나중에 안 일이고 그 당시는 그저 숨쉬기가 힘들고 힘들 뿐이었다. 이런 나의 모습을 보고 돌아가 어떤 면회객이 '나태주가 그렇게 한꺼번에 무너질 줄은 몰랐다. 참담한 모습이더라'고 말하기도 했다고 했다. 누가 보아도 나는 회생될 가능성이 없어 보이는 환자였던 것이다.

그렇게 중환자실에서 지내기를 1주일하고도 반나절. 중환자실에서 지내는 동안 험한 꼴도 더러 보았다. 나 역시 죽을 둥 살 둥 뒹굴며 소리 지르는 환자 가운데 하나였지만 소리 지르는 환자들을 수없이 보았고 금방 운명하는 사람들도 여러 차례 목격하였다. 그럴 때마다 겁이 나고 오그라붙은 가슴이 더욱 오그라붙는 듯 긴장되곤 했다. 오로지 가족들이 면회 오는 시간만이 해방의 시간이었고 희열의 시간이었다. 면회 시간은 하루 두 차례. 오전 11시 30분과 오후 7시. 각각 30분씩. 참으로 아깝고도 귀중한 시간들이었다. 아내는 면회 올 때마다 늘 웃는 얼굴로 나한테 와선 좋은 말, 희망적인 말을 해 주었고 가끔은 자기의 볼에다가 나의 볼을 비벼주기도 했다. 그럴 때마다 나는 속으로 '이 사람 집에서도 하지 않던 짓을 다하는구나' 싶은 생각을 하곤 했다.

그리고 아들아이의 도움이 컸다. 시시각각 혼미한 정신과 고통스런 육신을 견디다 보니 전신이 다 쑤시고 아팠다. 나는 아들아이가 올 때마다 전신을 주물러달라고 부탁했다. 아들아이는 힘센 팔뚝과 억센 손으로 혼신의 힘을 다하여 주물러 주었다. 그럴 수 없이 시원한 느낌이었다. 조금쯤 오그라들었던 몸이 풀리고 혼미한 정신이 진정되는 듯싶기도 했다. 나중엔 오직 아들아이가 면회 오는 시간만 기다리며 순간순간 고통의 시간을 견디고 버텼다. 아들을 기다리는 맘으로 눈을 벽시계에서 뗄 수가 없었다. 아들아이가 오직 구원의 사도처럼 느껴졌다. 면회 시간이 되어 저만큼 아들아이가 걸어오면 번번이 마음이 지레 먼저 달려나가 아들아이를 맞이하고 있었다. 어떤 날은 오후 11시, 그러니까 밤 11시가 오전 11시인 줄 잘못 알고 왜 아들아이가 면회를 오지 않는가 걱정하며 아주 많이 기다린 적도 있었다.

내가 그렇게 중환자실에서 고군분투하고 있는 동안 병실 밖에서도 범상치 않은 일들이 벌어졌다고 한다. 중환자실에 들어간 지 6일째. 사진 촬영 결과나 검사 수치들이 점점 나빠지기 시작하더니 몇 가지 급한 대로 조치를 취했음에도 불구하고 결국은 최악의 사태에 도달하고 말았다는 것이다. 담당의사는 가족들을 불러 최후의 일을 통첩했다고 한다. 이대로 가면 3, 4일 내로 호흡 곤란이 오고 그러면 산소 호흡기를 씌워야 하고 그러다가 다시 3, 4일이면 숨이 멈추게 될 것이니 그 다음의 일을 준비하는 것이 좋겠노라고. 그 당시로선 도저히 다른 해결책이 없었다고 한다. 그건 듣는 사람들에겐 사형선고나 마찬가지였으리라. 아내가 몇 차례 까무러치고 가족과 지인들에게 급히 소식이 전해지고……. 여기저기서 면회객들이 찾아오기 시작했다고 한다. 어떤 날은 50명 정도의 면회객이 몰려 비상대책회의 같은 것을 하는 바람에 중환자실 밖은 초상집 분위기를 방불케 했다고도 한다.

중환자실에서 보낸 7일째 되는 밤, 아주 많은 면회객들이 줄을 지어 병실로 들어왔다. 짧은 시간에 한 마디씩 말을 놓고 그들은 나가곤 했다. 어떤 경우엔 두 세 명이 들어와 내 팔과 다리를 주물러 주다가 가기도 했다. 그윽하게 말없이 바라만 보다가 나가는 사람도 있었다. 그 날 밤엔 아내도 좀 이상한 말을 했다. 손자를 낳게 되면 이름을 뭐라 지어야 할 거냐며 아들과 딸, 두 아이에게 하나씩 이름을 미리 지어달라는 주문이었다. 나는 마땅한 글자가 도저히 떠오르지 않아 어렵다고 말했다. 그래도 아내는 거듭 요구했다. 겨우 한 자로 믿을 신信자 하나가 떠올라 '신'이라 하라고 말해주었다. 그 밖엔 아무런 글자도 떠오르지 않았던 것이다.
"최신? 최신, 이름이 좀 그렇다."
사위가 최 씨 성을 가진 사람이었으므로 내가 지어준 신이라는 이름에다가 최 씨라는 성을 맞춰보고 아내가 하는 말이었다. 그런 뒤에도 아내는 다시 적당한 이름이 없느냐 말하면서 볼펜과 종이를 대주면서 거기에 써보라고 했다. 그러자 나는 병원에서 나간 다음에 할 일을 가지고 왜 이렇게 힘들고 몸이 아플 때 굳이 그러느냐 짜증스럽게 대꾸했던 것 같다. 실은 그것이 의식을 놓기 전에 유언이라도 받아두라는 주위 분들의 권고에 따라 아내가 에둘러 나한테 유언 대신으로 요구한 것인데 나는 그걸 까맣게 짐작조차 못했던 것이다.

더구나 나 자신이 패닉 상태에 빠져들고 있음을 짐작하지 못하고 있었다. 몸의 어느 부분이 아픈 것인지 꼭 집어서 알 수 없을 정도로 고통이 심했다. 전신이 아픔의 덩어리였고 이글이글 타오르는 하나의 불덩어리였다. 일 분 일 초, 순간순간을 끊임없이 죽을 것만 같았다. 그것은 째깍째깍 시계의 초침이 소리를 내며 나의 온몸과 정신을 저미고 지나가는 것 같았다. 그러나 나는 또 순간순간을 포기할 수가 없었다. 그래서 두 주먹을 부르쥐고 두 눈을 치뜨고 천장을 노려보면서 무엇인가 맞서는 각오로 버텼다. 한 시도 눈을 떼지 않고 바라보는 중환자실 천장에는 여러 가지 글자들이 나타나 보였다. 그 글자들은 그냥 선명하게 보이는 글자가 아니라 얼룩얼룩한 무늬 사이에 숨어 있는 글자들이었다. 그 글자들은 가끔은 단어로 되어 있기도 했다. 사람 이름이기도 했고 지명이기도 했다. 예를 들면 내가 살고 있는 공주의 여러 지명인 '금학동'이라든지 '유구'라든지 그런 글자들이 어른거려 보였다. 아니, 보였다가 사라지곤 했다. 나는 그 글자들을 찾으며 지루한 시간을 견뎠다. 가끔은 간호사에게 천장에 무슨 글자가 저렇게 많이 써 있느냐고 물었다가 쓸데없는 소리를 한다고 핀잔을 듣기도 했다.

그 날 밤 유난히도 많은 면회객들도 실은 내가 죽기 전에 마지막 얼굴이라도 보자고 온 사람들이었던 것이다. (물론 당시 나는 그것을 알지 못하고 지냈다.) 그 날 밤 면회객 가운데는 내 앞에 와서 눈물을 보이는 면회객도 여럿 있었다. 유준화 시인, 김현주 시인 같은 이들이 눈물을 보인 것 같은데 그 가운데에서 엉엉 소리를 내어 울다가 간 사람은 구재기 시인이다. 그는 안경을 벗어들고 눈물을 손등으로 훔치면서까지 울었다. 오랜 세월 가까이 지내면서 문학의 길을 함께 걸어온 동지로서의 그가 왜 그렇게 우는지 나는 이유를 쉽게 짐작하지 못했다.

"선생님, 이게 웬 일이시래유······"
구재기 시인은 충청도 사투리 특유의 느린 발음으로 말하면서 울고 있었다.
"이봐, 구 선생. 왜 그래? 울지 마. 우리는 형제야. 걱정하지 마."

왜 거기서 형제란 말이 불쑥 튀어나왔을까? 나는 오히려 구재기 시인을 마주 안아주면서 토막토막 끊어지는 말로 그를 위로해주고 있었다. 그날 밤에 아버지와 첫째 남동생 내외, 둘째누이 내외, 처남들, 〈새여울〉 동인들, 〈금강시마을〉 회원들, 공주나 대전의 문인들, 그리고 서울에서 내려온 윤효 같은 이들이 다녀갔다. 줄잡아 20명은 가까웠을 것이다. 나중 듣기로 이준관 시인, 내 시를 가지고 석사학위논문을 쓴 송영호 박사 같은 이들도 소식을 듣고 급히 달려와 병실 밖에서 오래 기다리다가 돌아갔다고 했다.

그 다음 날, 그러니까 3월 8일 해 저물 무렵. 나는 중환자실을 빠져나올 수 있었다. 그러나 그건 몸의 상태가 호전되어 그런 것이 아니었다. 병원 측에선 이미 포기한 상태인 데다가 가족들이 애타게 요구함으로 환자가 중환자실에서 나오는 걸 허락했다는 것이다. 생의 마지막 시간 얼마간이라도 가족들하고나 원 없이 보내라는 담당의사의 배려에서 그랬다는 것이다. 여기에는 또 아들아이의 결단이 강하게 작용했다. 의사의 진단을 듣고 아내가 제일 먼저 포기하고 딸아이까지 포기했지만 아들아이만은 끝까지 애비의 목숨을 포기하지 않았다는 것이다. 의식이 있고 눈동자도 또렷한 사람이 어찌 그렇게 쉽게 죽을 수 있겠느냐는 것이 아들아이의 생각이었다 한다. 그건 무모한 신념이었는지도 모른다. 그러나 그 무모한 신념이 끝내 나를 중환자실에서 나오게 해주었고 또 나의 생명을 천천히, 그리고 조금씩 나아지는 쪽으로 밀고 나가는 원동력이 되어주었다. 아들아이가 한 일이지만 참으로 감사한 일이었다 할 것이다.

 침대차에 실려 2인 병실로 옮겨졌을 때는 어슬어슬 땅거미가 내리기 시작하는 시각이었다. 얼마 만에 만나는 저녁 시간이고 또 어둠인가! 오랜만에 만나는 어둠이 그렇게 반가울 수가 없었다. 어둠 속에 평화와 안식이 기다리고 있다는 생각이었다. 어둠도 때로는 광명이고 해방이었다. 또 얼마나 보고 싶었고 함께 있고 싶었던 가족들인가! 아들아이가 옆에 있었고 딸아이도 있었다. 조금 뒤에 아내의 얼굴도 보였다.(내가 중환자실에서 나와 2인 병실로 옮겨지던 그 시간대에 아내가 또 한 차례 까무라쳐 응급실에서 주사를 맞고 있었다고 한다.) 나는 아내를 보자마자 두 손을 모아 싹싹 비비며 말했다.
 "여보, 고마워, 고마워. 여보, 여보, 무서워. 무서워."
 그건 중환자실에서 빠져나온 안도의 춤사위 같은 것이었다. 그로부터 나는 몸을 부리고 마음 놓고 앓을 수가 있었다.

아들아이와 더불어

중환자실에서 나와 2인 병실로 옮겨지고 가족들 곁으로 돌아온 뒤 나는 거의 정신을 내려놓고 앓았다. 몸을 부리고 나니 더욱 고통은 배가되는 것 같았다. 처음 병실에 든 날은 얼마나 요란스럽게 굴었던지 먼저 들어온 옆자리의 환자가 끝내 침대를 버리고 병실 밖으로 나가 휴게실에서 밤을 지새워야 했을 정도다. 그 환자가 퇴원한 뒤로는 아예 아내가 내 옆 침대를 차고 누워 있게 되었다. 본래는 한 병실에 남녀 환자가 혼성으로 들지 못하도록 되어 있는데 우리 가족을 위해 병원 측에서 특별히 그렇게 하도록 배려해준 것이라 했다. 말하자면 병실 하나를 완전히 우리 가족의 방처럼 내줘버린 것이었다.

여전히 나는 잠을 이루지 못하는 환자였다. 잠시도 침대에 누워 있지를 못했다. 일어났다가 다시 눕고 다시 일어나기를 반복했다. 낮 시간보다는 밤 시간이 더욱 증상이 심했다. 아들아이가 침대 곁을 지켜주었다. 아들아이는 그 무엇이든 내가 요구하는 것을 거절하지 않고 들어주었다. 중환자실에서의 간호사들과는 반대였다. 몸은 여전히 고통스러웠지만 마음은 점점 평정을 찾아가고 있었다. 그러나 여전히 열이 높아

냉장고 냉동실에 얼린 물수건으로 머리를 식혀주고 가글 액을 만들어 입안을 헹구도록 해주었다. 처음부터 금식조치가 내려졌으므로 가글 액도 목구멍으로 넘어가면 안 되는 일이었다. 적당한 온도로 맞춰 아들아이가 만들어준 가글 액만이 갈증과 통증을 감소시켜주는 데 효과가 있는 것 같았다. 아들아이가 몸을 주물러 주는 것과 함께 가글액이 오로지 위로가 되어 주었다. 누워 있을 때는 빨대를 입에 물려주기도 했다. 그러면 잠시 가글 액을 빨아들였다가 뱉어내곤 했다. 물을 받아내는 그릇이 여러 차례 비워지고 하루 밤 사이 물 티슈와 마른 화장지가 한 통도 모자라 두 통째 쓰여 지고 있었다. 쓰레기통 또한 넘쳐나곤 했다. 뿌옇게 창문에 아침 햇살이 번질 때까지 그렇게 했다. 하루가 아니고 여러 날이었다. 그것은 패닉 상태가 더욱 깊어지고 있는 날들이었다.

그런 사이에도 면회를 오는 사람들이 가끔 있었던 모양이다. 엄마까지 몸져 앓아 누워버리자 아들아이와 딸아이는 저희들끼리 상의하여 면회 사절을 결정했다고 한다. 병실 문에 '환자 위중/ 면회 사절'이란 문구를 써서 붙이고 아이들이 문지기처럼 문을 지키고 서서 면회객을 돌려보내기도 했다고 한다. 중환자실에서부터 나는 면회객을 보면 홀쩍홀쩍 우는 버릇이 있었다. 평소 정답게 지내던 면회객들을 보면 감정적으로 자극을 받을 것을 염려하여 아이들이 그리했던 모양이다. 심지어는 고향에서 오신 아버지나 학교 직원들이나 옛날 제자들까지 왔다가 그냥 돌아가기도 했다고 나중에 들었다. 참으로 두고두고 송구한 일이 아닐 수 없겠다. 그러나 면회가 완전히 두절된 것은 아니었고 한정적으로 허락되기도 했다. 가끔 가다가 김상현 시인의 얼굴이 보이기도 했고 중환자실에 있을 때 면회 오지 못한 형제들의 얼굴도 보였다. 큰누이 내외, 막내 남동생 내외, 막냇누이 내외들이 차례로 다녀갔다. 혼미한 정신으로 침대에 누워 형제들을 맞이하는 심정이 막막하기 그지없었다. 특히, 막냇누이를 만났을 때가 그러했다.

우리 내외는 막냇누이와 결코 나쁜 관계가 아니었다. 나쁠 만한 특별한 이유가 없었고 그 어떤 형제보다도 가깝다면 가까운 사이였다. 신혼 초 고향집에서 고락을 함께한 유일한 형제가 막냇누이였던 것이다. 그런데 그동안 살아오면서 이런저런 가정의 일로 해서 오해가 생기고 소원해진 사이가 되었다. 감정의 골이 깊어지고 나중에는 가족끼리 한자리 앉았을 때에도 말을 섞지 않을 뿐더러 눈빛조차 스치지 않을 정도였다. 내게는 그 일이 마음의 옹이가 되어 있었다. 더욱이 내가 쓰러져 누워 가쁜 숨을 몰아쉬는 처지가 되어 만나게 되니 더욱 격한 감정이 생겼다. 막냇누이가 그동안의 감정의 찌꺼기를 걷어내고 우선적으로 찾아준 것만 고마웠다.

손위사람으로서 옹졸하게 마음 쓴 일도 부끄러웠다. '새가 죽으려 할 때는 그 울음소리가 애처롭고 사람이 죽으려 할 때에는 그 말이 착해진다 鳥之將死 其鳴也哀 人之將死 其言也善 —『논어』태백편泰伯篇'더니 내가 바로 그런 입장이었다.

"미안하다, 향난아. 오빠가 미안했다. 오빠를 용서해라. 이렇게 와 주어서 고맙구나."

"알았어요, 오빠. 제가 잘못했어요. 그 동안 너무 잘못했어요. 몸도 편치 않으니 그만 말씀하세요."

내가 어린애처럼 소리 내어 우는 바람에 막냇누이도 따라서 울었다. 또 이런 꼴을 곁에 있는 아들아이는 비판적으로 바라보았을 것이고 좀은 우스꽝스럽다 생각했을 테지만 나로서는 그런저런 앞뒤 사정 살필 처지가 아니었다. 그러나 나는 그렇게 울면서도 가슴 속 깊이 간직했던 무거운 돌덩이 하나를 내려놓은 듯 후련한 마음이 들었다. 이런 일들도 앓고 있는 나에게는 큰 도움이 되어주었다.

누워 있는 침대 머리맡에 몇 개의 팻말이 걸려 있었다. '금식/ 낙상주의/ C·T 촬영/ 내시경'같은 문구가 새겨진 팻말들이었다. 그 팻말들은 줄에 연결되어 천장에 매달려 있었다. 가끔 흔들리기도 했다. 나는 그 팻말들이 금방이라도 떨어져 내릴 것만 같은 불안감이 들기도 했다.

"윤이야, 저것들 모두 떼어버릴 수 없겠냐?"

"왜 저게 어때서요?"

"암만 해도 저것들이 떨어져 내릴 것만 같아."

"걱정하지 마세요. 절대로 떨어질 염려가 없으니까요."

한참 동안 침묵이 흐른 뒤에 아들아이가 물었다.

"아버지, 저기 쓰여 있는 글씨가 무어예요?"

"응? 금식…… 낙상주의라 썼네."
"그럼 금식이 무어예요?"
"금식? 금식이라……"
글자를 겨우 읽기는 했지만 금식이란 말의 뜻이 쉽게 떠오르지 않았다. '금식? 금식이 무엇일까?' 아무리 머리를 조아려 생각해보아도 그것이 무슨 뜻인지 모르겠다.
"아버지, 금식이 무어예요?"
아들아이가 대답을 재촉했다. '그래. 금식이란 금고기란 뜻이 아닐까……'
"금식? 금식이란 금고기란 말일 거야."
나는 초등학교 시절, 국어 교과서에서 읽었던 「금고기」란 동화를 겨우 떠올리며 그렇게 대답해 주었다. 거기까지밖에는 생각이 더 나가지를 않았던 것이다.
"아버지, 금식이 뭐예요?"
아들아이는 똑같은 질문을 다시 던졌다.
"응, 그건 금고기란 뜻이야."
나는 이번에도 천연덕스럽게 그렇게 말해주었다. 아들아이는 더는 말을 시키지 않았다. 나도 더는 말을 하지 않았다. 밤은 깊어 아내가 누워있는 침대 너머 창문으로 저 멀리 밤거리의 붉은 간판들이 건너다 보였다. 밤인데도 간판의 불빛들이 참 환하기도 했다. 그날 밤에도 아들아이는 나와 함께 꼬박 밤을 지새우며 내 투정을 받아주고 있었다.

그렇게 사흘을 견딘 뒤 아들아이는 그만 코피를 많이 쏟았다고 한다. 그러나 아들아이가 나에게 보이지 않으려고 마스크를 쓰고 다니며 나에게 감기에 걸려서 그렇다고 말해주었다. 그러므로 나는 끝내 그런 사실조차 알지 못하고 지내야만 했다.

검은 지평선

밤인 듯싶었다. 사방은 어둡고 쪽등이 어슴푸레 켜져 있는 듯 은은한 불빛이었다. 왠지 모르게 나는 스스로 팔목에서 링거 줄을 뽑아버렸다. 무언가 더는 견딜 수 없을 것 같은 마음 때문이었을 것이다. 그까짓 링거 주사를 맞는 일이 무슨 소용이랴 싶은 생각이었을 것이다. 안 그러면 고통이 극에 달해 그런 것으로나 고통을 이기고자 하는 반항적 행위였는지도 모르겠다. 급기야는 침대에서 내려와 간병인용 쪽침상에 벌러덩 드러눕기도 했다. 비닐 천으로 된 침상의 감촉이 무척 써늘하다는 느낌이 등에 왔다. 점점 기억력이 멀어지고 있었다. 다만 눈앞에 오락가락하는 아들아이와 단둘이서만 이 세상에 존재하는 듯한 느낌이 들었다.

세상의 문이 하나씩 닫히고 점점 고요해져갔다. 육신의 고통도 점점 사라지는 듯싶었다. 세상은 오직 적막하기만 했다. 얼마나 시간이 흘렀는지 가늠이 가지 않는다. 다만 나 자신이 어디로인지 자꾸만 가고 있다는 것을 느꼈다. 나 자신에 대한 나의 느낌이었다. 아니, 그것은 보았다고 해야 옳은 것인지 모르겠다. 누워있는 내가 있는가 하면 앞쪽으로 서서 나아가는 또 하나의 나를 분명히 느꼈으니까 말이다. 그건 하나의 느낌의 세계 같기도 하고 분명한 현실 세계 같기도 했다. 꿈인가 하면 또한 꿈은 아니었다. 어쩌면 그 모든 것을 한 데 뭉뚱그려 놓은 그 어떤 낯선 세계였는지도 모르겠다. 어쨌든 나는 어디로인가 자꾸만 앞으로 나아가고 있는 나를 느끼고 있었다.

눈앞에 넓은 지평선 같은 것이 펼쳐저 있었다. 위쪽보다는 아래쪽이 더 넓게 보였는데 위쪽은 동트는 새벽하늘처럼 훤했고 아래쪽은 검은 빛깔이었다. 무언가 검은 물처럼 고여 일렁이고 있는 것도 같았다. 수평선의 왼쪽에는 코끼리 무리 같은, 코끼리의 둥그스름한 등허리 같은 커다란 물체가 울룩불룩하게 솟아올라 출렁거리는 듯 커졌다가 작아졌다가 하고 오른쪽에는 미루나무 수풀같이 키가 크고 삐죽삐죽한 형상들이 여러 개 솟아올라 있었다. 지평선 가운데 부분만 원을 반쪽으로 잘라놓은 것처럼 둥그스름하게 열려 있었다. 흑백의 세상이었고 고요한 세상이었다. 나는 계속해서 앞쪽으로 걸어가고 있었다. 어쩌면 엎드려 배를 바닥에 깔고 미끄러져 앞으로 나아가고 있는 것 같기도 했다.

점점 마음이 편안해지고 있었다. 이제는 더욱 사방이 고요해지고 오직 세상에는 나 혼자만 있는 것 같은 느낌이 들었다. 의식의 앞쪽이 선명하고 뒤쪽이 아득했다. 이제 수평선 너머로 나아가기만 하면 되는 일이었다. 몸이 스르르 수평선 앞으로 미끄러져 나아가고 있었다. 나의 마음도 그 쪽 방향으로 나아가고 싶었다. 그렇게 앞으로 나아갈 때 편안한 느낌이 왔다. 이게 죽는 거구나 싶은 흐릿한 자각조차 남아 있지 않았다. 그 세계는 고요했고 육신의 고통도 없었고 마음 또한 평화롭기 이를 데 없었다. 일말의 후회 같은 마음의 찌꺼기조차 남아 있지 않았다. 정말로 깊은 적막과 휴식의 세계였다. 바로 그때, 아들아이가 부르는 소리가 들렸다. 다급한 목소리였다. 요약한다면 그것은 고요와 평화와 자유가 가득한 세계였다. 향기롭기까지 했다.

"아버지!"
 그건 외마디 소리 같기도 하고 비명 소리 같기도 했다. 아마도 아들아이가 육감으로 무엇인가를 감지하고 그러지 않았던가, 모르겠다. 그러나 나에겐 메아리처럼 멀리서, 아주 멀리서 울려오는 것으로 들렸다. 저 아이가 왜 저러는 것일까? 처음 나는 아들아이가 부르는 것이 참 많이 귀찮다는 생각을 했다. 그냥 이대로 놓아두었으면 좋겠다는 생각으로 그랬다. 더불어 앞으로, 앞으로만 나아가고 싶었다. 겨우 실낱 같은 의식의 끄트머리를 붙잡고 힘겹게 생각해 보았다.
 '그래, 나는 저 아이에게 잘못한 일이 많아. 어려서부터 아이에게 모진 말을 서슴지 않았고 때로는 크게 화를 내기도 했고 손찌검을 하기도 했지. 돈이 궁해 과외공부도 한 번 시켜주지 못하고 맛난 음식이나 과일 같은 것도 제대로 사주지 못했지.'
"아버지!"
 아들아이가 나를 부르는 소리가 들렸다.
 '그래, 나는 저 아이에게 미안했던 일이 너무나 많아. 지난해에는 제가 좋다고 데려온 여자아이를 선뜻 좋다고 찬성해 주지 않아 끝내 헤어지게도 만들었지. 미안해서 어쩌나. 어떻게든 미안한 마음을 줄일 수 있는 길이 있었으면 좋을 텐데. 나는 저 아이에게 빚진 일이 많아.'
"아버지!"
 다시 아들아이가 부르는 소리가 들려오고 있었다.

'그렇다. 이제 저 아이의 부름에 대답을 해주어야 한다.'
"으응."
그건 아주 조그맣게 내는 신음 소리처럼 들렸을 것이다. 그러나 나로서는 전신의 힘을 모아서 한 대답이었다. 대답을 하면서도 나는 자꾸만 수평선이 있는 방향으로 미끄러져 나아가고 있었다. 그것은 어쩌면 그릇에 가득 담겨 출렁출렁 넘칠 듯 넘치지 않는 물과 같았다. 내 자신이 그런 느낌을 받았다. 아들아이가 또다시 다급하게 불렀다.
"아버지!"
"으응."
그렇게 몇 번이나 반복했는지 모른다. 번번이 나는 대답하기도 힘들었고 아들아이가 지금 나를 외마디로 애타게 부르고 있다는 것을 상기하기도 쉽지 않았다.
'그렇다. 아들아이는 지금 분명 내가 돌아오기를 기다리고 있는 거야. 아주 저쪽으로 내처 가버리면 안 되는 일이다. 지금이라도 몸을 되돌려야 한다.'

그러나 그건 각오한 것만큼 쉬운 일이 아니었다. 몸과 마음도 내 깊은 의지를 잘 따라주지 않았다. 다시금 아들아이가 불렀다.
"아버지!"
"으응."
'그래, 나는 돌아갈 수 있다. 지금이라도 충분히 그럴 수 있다. 그래야만 한다. 아들아이가 지금 저렇게 나를 부르고 있지 않는가! 아들아이가 기다리고 있는 쪽으로 돌아가야만 한다.'
나는 이를 악무는 심정으로(아니면 느낌으로) 몸을 되돌려 걷기 시작했다. 그렇다! 분명 그건 걷기 시작했던 것이다. 발바닥이 땅에 눌어붙어 찐득찐득 잘 떨어지지 않는 느낌을 강하게 받았다. 그러고 보니 내가 서 있다는 생각도 들었다. 그런 나를 지각할 수 있었다. 동시에 누워 있는 또 다른 내가 있었다. 분명히 두 개의 내가 있었다. 누워 있는 나와 서 있는 나. 참 그건 지금까지 한 번도 겪어보지 않은 특별한 경험이었다. 어쩌면 그것은 영혼과 육체의 분리 상태 같은 게 아니었을까. 지금 와서 해보는 생각이지만 그 며칠 동안 아들아이의 영혼의 촉수가 내 영혼 깊숙이 와 닿았지 않았겠나 하는 것이다. 그것도 젊고 힘이 있는 영혼이 말이다. 그러기에 시시때때로 내 영혼의 위기를 감지해내고 나를 불러서 죽음의 나라로 아주 넘어가지 않도록 의식을 각성시켜 주었지 싶은 생각이다.

점점 나는 아들아이가 애타게 부르면서 기다리고 있는 쪽으로 돌아가고 있었다. 가슴 밑바닥으로부터 잔잔한 기쁨의 파문이 일었다. 허나, 나의 몸과 마음은 쉽게 검은빛 수평선 앞을 빠져나오지 못했다. 내가 지금 헤엄치고 있는 게 아닌가 싶은 생각도 들었다. 팔다리를 지느러미 삼아 허우적거린다는 생각이 그것이었다. 그래도 일단은 돌아서기로 결의를 다진 뒤로는 마음이 한결 가벼워지는 것 같았다. 그러던 중 어느 한 순간 오른쪽 어깨에 무엇인가 날카로운 송곳 같은것으로 찌르는것 같은 통증이 왔다. 천천히 고개를 돌려 그쪽을 바라보았다. 펄럭, 하면서 깃 넓은 옷소매 같은 것이 하늘 쪽으로 천천히 사라져 올라가고 있었다. 연한 아마 빛 색깔이었다. 나는 소매 깃이 사라진 하늘을 멍하니 올려다보았다. 병실 천정 한가운데가 동그랗게 구멍이 뚫려 있었다. 처음에 그 구멍은 회색빛이었다. 조금씩 가운데 부분이 푸르스름한 색으로 바뀌면서 마치 하늘에 파여진 동그란 우물처럼 보였다. 나는 그 하늘 우물의 중심 부분을 우러러보았다. 청옥 빛이었다. 그것은 나의 세상이 흑백에서 칼라로 바뀌는 순간이었다. 마음속에 기쁨이 물결쳤다. 가슴이 뿌듯해지는 것 같기도 했다. 순간적으로 나는 그 아마 빛 옷자락의 주인공이 신이 아니었을까 싶은 생각이 들었다. 무엇인지는 모르겠지만 커다란 일을 해낸 것 같은 생각도 들고 이겨냈다는 승리감 같은 느낌도 왔다. 아주 좋은 징조 같았다. 이런 땐 노래를 지어 부르는 게 좋지 않겠나! 그 다급한 순간에도 시인의 기질이 발동되고 있었다.

'너희들은 모를 거야. 이런 기분 모를 거야.'

나는 금방 지어낸 노랫말에 스스로 즉흥곡을 붙여 소리를 내어 흥얼거리기 시작했다.

정신이 돌아온 뒤 아내가 그때의 내 모습을 이렇게 말해주었다.

"그날 당신이 이상한 행동을 많이 보였어요. 헛소리를 하고 헛손질을 자꾸만 하고 그랬어요. 그럴 때마다 아들아이가 손을 잡고 '아버지!' 하고 외마디 소리를 내어 불렀어요. 그러면 조그만 소리로 대답했는데 그 목소리가 깊은 동굴 속에서 울려오는 것같이 음산하게 들렸어요. 그리고 나중에는 이상한 노래를 부르기도 했어요. 난생처음 들어보는 낯선 노래였어요. 분명치는 않았지만 노랫말도 곡조도 이상했어요. 술이 많이 취한 사람처럼 아랫입술이 늘어지고 눈빛도 초점을 잃고 있었어요. 얼굴 표정이 또 아주 무서웠어요. 지금까지 보아온 당신의 그 어떤 모습하고도 다른 모습이었어요."

나중에 그 말을 듣고 그것이 임사체험이었다는 걸 알게 되었다. 임사체험. 죽음의 세계에 가까이 가본 체험. 영어로 데드 익스피리언스(death experience). 나는 그때까지 그런 용어가 있다는 것조차 몰랐던 사람이다. 알 기회도 없었거니와 관심도 없었던 것이다.

2주일 만에 잠을 자다

아들아이가 잠시 자리를 비운 틈을 타서 딸아이 민애가 대신해서 내 병상을 지켜주고 있었다. 나는 딸아이에게 몸을 내맡기고 있었다. 딸아이는 또 아들아이와 다르다. 아들아이가 나와 대립 관계였다면 딸아이는 수용 관계였다고나 할까. 평소부터 감정적으로 서로를 믿고 이해하는 구석이 많았다. 한동안 내 시중을 들어주고 있던 딸아이가 핀잔 투로 말을 해왔다.
"아빠는 왜 그래? 왜 잠도 안 자고 식구들 속을 썩이고 그러는 거야."
왠지 나는 딸아이의 말이 옳다는 생각이 들었다. 딸아이의 말을 따라야 되지 않겠나 싶은 생각도 들었다.
"알았다, 알았어."

나중에 들어 안 일이지만 그날 나는 딸아이한테 몸을 기대고 앉아서 내리 4시간 반 정도를 잤다고 한다. 그건 병원에 들어온 지 14일, 2주일 만에 처음 들어본 잠이었다. 아이들은 간호사실에 부탁하여 간호사들도 내가 잠에서 깨어날 때까지 병실 출입을 조심해주도록 부탁했다고 한다. 그러나 나는 그때 완전히 잠이 든 것이 아니었다. 잠 속에서 어떤 다락방 같은 공간에 있기도 했고 거기에서 내려오기도 하는 복잡한 꿈을 꾸었다. 줄거리는 기억나지 않지만 꿈이 아주 컬러풀 했다는 것이 특별했다. 다락방 주위는 아주 밝았고 주변은 마티스의 그림에 나옴직한 초록빛과 노랑색, 빨강색이 어우러진 여러 가지 강렬한 형상들이 언뜻언뜻 나타났다 사라지곤 했다. 그건 무척 현란한 꿈이었다. 거기서 나는 모습이 확실치 않은 아주 많은 사람들을 만난 것 같았다. 어쩌면 그건 형상이 아니라 그냥 웅성거림 같은 것이었는지도 모르겠다.

다음 날 아침 회진 시간에 담당의사인 김안나 교수가 밝은 얼굴로 나에게 말했다. 지금까지는 '환자분'이라고 불렀는데 내가 현직교장임을 감안했음인지 '선생님'이란 호칭으로 부르고 있었다.
"선생님, 이제 선생님 옛날 모습으로 돌아갈 수 있게 되었습니다."
그것은 참으로 의외의 말이었다. 옆에 서 있던 아들아이가 물었다.
"의사 선생님, 검사 결과가 어떤가요?"
"예, 염증 수치, 백혈구 수치, 간장의 수치가 조금씩 좋아지기 시작했습니다. 약이 조금씩 상처부위로 먹혀 들어가는 것 같습니다."

점심시간쯤 김상현 시인의 얼굴이 모처럼 보였다. 전기면도기를 구해 가지고 병실에 들렀던 모양이었다.
"민애야, 아버지가 엄살이 너무 심하다야. 혼내주어라. 아버지는 월남 전쟁터까지 다녀온 사람 아니냐?"

농담을 던지고 있었다. 오후엔 민애가 내 수염을 깎아주었다. 2주일 넘게 자라난 수염이 어찌나 길었던지 가위로 대충 잘라낸 다음 겨우 김상현 시인이 가져다 준 전기면도기를 사용할 수 있었다. 면도를 하고 나니 기분이 조금은 좋아지고 내가 이제 살아 있는 사람이구나, 그런 생각이 돌아왔다.

정신이 들면서 나는 조금씩 주변의 사물에 대해서도 지각이 생겨나기 시작했다. 2인 병실 벽에는 다른 병실과는 달리 텔레비전이 한 대 매달려 있었는데 거기에서는 영화 프로그램이 끝없이 방영되고 있었다. 나는 영화를 매우 좋아하고 즐기던 사람이다. 그런 점을 감안하여 아들아이가 영화가 나오는 채널을 골라서 고정해 주었는지도 모를 일이다. 그러나 나는 그 영화들을 제대로 소화해 내지 못하고 있었다. 줄거리가 도막도막 끊겨서 전달되었다. 어떤 때는 내가 꿈결 속에서 영화를 보는 게 아닌가 싶을 정도였다. 그래도 끝없이 짓눌려오는 육신의 고통 속에서 영화에 눈길을 주고 스토리에 마음을 빼앗기고 있는 시간만은 매우 유익하게 부드럽게 지나가고 있었다.

그때 본 영화 가운데 「패트리어트」와 「무극」이 있었다.(제목은 나중에 알았다.) 두 영화 모두 낯선 소재를 다룬 영화라 재미가 있었다. 「패트리어트」는 총을 쏘고 싸우고 사람이 죽어가는 전쟁 장면이 섬뜩했고 「무극」은 황당무계한 스토리나 장면이 매우 환상적이고 까마득하게 보였다. 영화를 보면서 이상스럽다 느껴진 것은 나의 눈빛이 끈적끈적하다는 것이었다. 자꾸만 눈빛이 텔레비전 화면에 가서 눌러 붙곤 했다. 그뿐이 아니었다. 텔레비전 화면이 노랑 빛깔로 착색되어 보였다. 꼭 나의 시선이 노랑색 기름의 공간에 갇혀 몸부림치는 것 같은 느낌이 들 정도였다. 그 기름의 공간을 뚫고 나의 시선이 텔레비전 화면까지 도착하기가 힘에 부쳤다. 눈빛이 중간쯤 가다가 멈추곤 했다. 그래서 아들아이에게 묻기도 했다.
"야, 윤이야. 텔레비전 화면이 노랑 빛깔로 보이냐?"
"안 그런데요."
아마도 그것은 나의 눈에 황달기가 심하게 들어있어서 그랬을지도 모르겠다. 그렇다 하더라도 그것은 나름대로 나에게 신비스런 또 하나의 체험이었다.

꽃을 던지다

3월의 세 번째 일요일이었을 것이다. 그동안 굳세게 병실을 지키던 아들아이도 나의 병세가 우선하니 저의 숙소로 쉬러 가서 오지 않고 딸아이도 서울로 돌아간 날이었다. 아내와 둘이서만 병실에서 지내게 되었다. 그즈음엔 아내의 건강도 상당히 좋아져 회복단계에 있었다. 아내는 그 동안 나를 중심으로 일어났던 일들을 뜨문뜨문 이야기해 주었다. 아이들은 말해주지 말라 그랬지만 내가 상황을 너무 몰라 엉뚱한 행동을 하고 상황에 맞지 않는 가당찮은 말을 자꾸만 해서 알려주는 거라 했다. 그 동안 전혀 모르고 있던 일들을 소급해서 듣는 마음이 새롭고도 놀라웠다. 그게 그랬었구나, 싶은 일들이 많았다. 특히, 의사의 절망적인 선언 부분, 장례위원회 결성에서 장지 문제 등이 놀랍고도 당황스러웠다.

아내의 말에 의하면, 그 당시 밖에서는 만반의 준비를 하고 기다리고 있었는데 정작 환자 본인만 죽을 준비가 전혀 되어있지 않았다고 했다. 조마조마하는 마음으로 밖에서 애를 태우며 기다리는 마음이 피를 말리는 것 같았다고 했다. 선장이 갑자기 사라진 배를 타고 망망대해를 항해하는 그런 막막한 심정이었다고 했다. 애당초 가족으로 만나지 말

앉아야 했는데 이렇게 만나 가족을 이루어 고통이 크다는 생각에 차라리 승려나 수녀들의 신분이 한없이 부러웠다고 했다. 의사의 진단을 받고 보내는 1주일이란 시간이 너무나 길고 아득하더라고, 밥맛은 고사하고 물맛조차 소태처럼 쓴 것을 그때 처음 알았다고, 몸 전체 뼈마디 마디가 쑤시고 아프더라고 말해 주었다.

장례위원회는 주로 김상현 시인이 주축이 되어 서울의 한국시인협회 오세영 회장과 협의하여 결성했다고 했다. 평소 나는 틈만 나면 우리 아파트가 있는 동네인 금학동 개울가를 아내와 자주 산책하면서 많은 이야기를 나누기를 좋아했다. 그런 때 나는 내가 만일 일을 당했을 경우, 이렇게 이렇게 하는 게 좋겠다고 아내에게 미리 이야기해준 바 있었다. 김상현 시인과 먼저 상의하고 구재기, 권선옥 시인과도 상의하라고 이야기해 주었던 것이다. 그래, 아내는 서슴없이 그 문제를 김상현 시인에게 부탁했고, 김상현 시인은 또 부인과 함께 가기로 한 회갑 여행까지도 포기하고 달려왔다고 한다. 빈소는 대학병원으로 하고 영결식은 내가 현직 교장이니까 장기초등학교 교정에서 하기로 했다 한다. 시인협회장으로 하되, 기독교식을 가미하기로 했다고 한다. 그래서 학교에서는 영결식 배치도며 교직원들의 역할 분담까지 모두 마쳤고, 사람을 시켜 사진관에서 영정 사진도 2개나 만들도록 했다고 한다.

나는 잠시 나의 장례식 모습을 상상해 보았다. 상당히 많은 사람들이 와 주었을 것이다. 꽤나 넓은 운동장. 제법 높다랗게 단상이 꾸며지고 그 앞을 노란 국화꽃으로 장식했을 것이다. 국화꽃 가운데 나의 사진이 들어갔을 것이다. 누군가 사회를 보겠지. 사회 보는 사람의 호명에 따라 유명 인사들이 나와 여러 가지 이야기를 했을 것이다. 약력소개, 추도사, 추도시, 가족이나 친지 인사의 말……. 아직은 겨울바람이 떠나지 않은 3월의 초순. 희끗희끗 날리는 봄 눈발 속에서 사람들은 넓은 운동장 여기저기 우뚝우뚝 모여 서서 조금은 일찍 세상을 떠난 한 사람을 위해 꼬끝이 빨개지도록 눈물을 찔끔거리기도 하고 나한테 훈화를 듣기도 했던 우리 아이들도 울어주었겠지. 때로는 과찬의 말씀도 해주시었을 것이요 울먹이기도 했을 일이다. 마지막으로 사람들은 단상의 사진 앞으로 나와 국화꽃 한 송이씩을 놓았을 것이다. 그런 다음엔 어쩌겠나? 시체를 실은 차는 어딘가로 떠났을 것이고 사람들도 더는 어쩔 도리가 없어 그 자리를 떠나겠지. 세상은 또한 아무런 일도 없었다는 듯 태연한 표정으로 흘러가고 있었을 것이다. 그뿐이다. 그뿐, 나의 모습은 지상의 어디에서도 찾아볼 수 없게 될 것이다.

    꽃을 던져라

    못 잊을 사람 더욱
    잊지 않기 위하여

    사랑한 사람 더욱
    사랑하기 위하여

    하늘 심장에 바다의 중심에
    돌팔매질을 하듯
    실패한 인생의 화려한 경륜 앞에

경멸의 찬사를 던져라

끝내는 잊어야 할 사람
서둘러 잊기 위해 꽃을 던져라.

— 나태주,「투화」전문

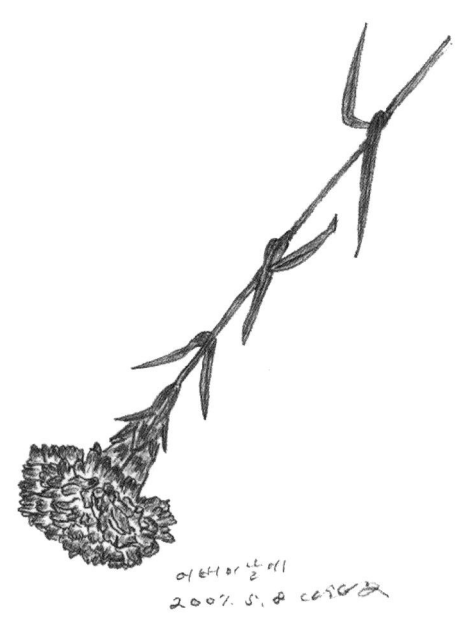

아내는 내 장지, 그러니까 산소 자리에 대한 이야기도 들려주었다. 처음엔 고향인 막동리로 가기로 했으나 고향 어른들이 이 문제에 대해 소극적으로 반응하는 바람에 공주 쪽으로 방향을 바꾸었다고 했다. 그래, 여러 사람들에게 말을 놓아 장지를 알아보도록 했다고 한다. 내가 교장으로 첫 번째 근무했던 학교의 위치가 계룡산 속이었으므로 계룡산 부근 마을, 의당면 방향, 부여군 초촌면 방향, 처가 마을이 있는 부여군 충화면 등 여러 곳을 후보지로 삼아 생각해보았다고 했다. 그러나 끝내 마땅한 장지가 나타나지 않아 당황하다가 결국 공주 시내 대원당 한의원 주인 노일선 원장이 자기네 선산 한 자락을 내주겠다 했다고 한다. 말로만 들어도 고마운 일이 아닐 수 없겠다. 그 부인되는 정금윤 여사가 시를 쓰는 사람인데 내가 일찍이 <불교문예>란 잡지에 신인으로 추천시켜준 인연을 귀히 여겨서 그러했을 것이다.

그러고 보니, 바로 지나간 일요일 아내의 조금은 이상한 행동도 이해가 가는 것 같았다. 그날 점심시간쯤 병실 침대에 누워있던 아내가 외출복 차림으로 다가와서 말했다.
"여보. 나 손님이 와서 손님에게 점심 대접하고 올게요. 시간이 조금 걸릴지 몰라요. 너무 기다리지 말아요."
"그래? 너무 늦게 오지 말아요."
"알겠어요."
그러나 아내는 내가 생각한 것보다 더 오래 동안 병실로 돌아오지 않았다. 알고 보니 그날 아내는 내 장지를 알아보기 위해 딸아이와 함께 김상현 시인의 자동차를 타고 유준화 시인이랑 넷이서 여러 곳을 둘러보고 돌아왔노라 했다. 중환자실에서 숨이 넘어가는 것같이 할 때에도 아내는 끝내 나에게 유언을 말하라 하지 않았었고 장지를 알아보는 날에도 그렇게 나에게 다른 말로 둘러대고 나갔었던 것이다.

두 차례 모두, 아내가 만약 곧이곧대로 의사가 말해준 대로 당신 머지않아 죽는다 하니 유언이라도 말하세요, 라고 했다던가 지금 당신 장지를 알아보기 위해서 나가는 길이에요, 라고 말했다면 어찌되었을까? 아마도 나는 서둘러 삶에 대한 의욕과 집념을 포기해버리고 말았을 것이다. 그나저나 아직도 죽지 않은 남편의 장지 후보지를 성치도 않은 몸으로 둘러보러 다니던 아내의 심정이 오죽 힘들었을까? 그러면서도 아내는 전혀 나에게 그런 내색을 하지 않았던 것이다. 그만큼 아내는 속이 깊고 신중한 사람이었다. 결국 이런 신중한 마음 쓰임이 또 나를 끝까지 죽음의 나락奈落에서 건져주었다고 생각된다.

  아마도 이번에 아내와 두 아이의 생명줄이 줄어도 많이 줄었겠지 싶다. 앞으로 1주일을 넘기기 어려우니 모든 걸 체념하고 준비하라는 담당의사의 말에 세 번씩이나 까무러치고 입원까지 해야 했던 아내. 밤하늘을 바라보며 무릎 꿇고 앉아 '그건 안돼' 고함지르며 통곡하고 나서 중환자실에서 나를 끌어내어 2인 병실로 옮기고 결연히 면회 사절 조치를 취한 아들아이. 소식 듣고서도 쉽게 내려올 수 없어 이틀 동안이나 서울 거리를 울면서 헤매고 다녔다는 딸아이. 나는 이번에 세 사람한테서 생명을 조금씩 차용해서 죽음의 길에서 몸을 돌려 살아날 수 있었다고 생각한다. 아니, 이번에 아내 한 사람과 아들 하나, 딸아이 하나를 다시금 얻었다는 생각이다. 두 아이들은 저희들이 평생을 두고 내게 갚아야 할 것들을 몇 주일 동안에 갚아버렸고 나는 두 아이로부터 남은 인생을 두고 갚아도 다 갚기 어려울 만큼 커다란 목숨의 빚을 지고 말았다. 특히, 아들아이에게 신세진 바가 많다. 그 아이의 공로가 아주 크고 깊다. 아내와 딸아이는 쉽게 포기하고 말았지만 아들아이는 끝까지 포기하지 않았던 것이다. 그 아이가 죽음의 순간, 끝까지 나를 포기하지 않고 불러주고 생명줄을 붙잡아주어서 나는 밝은 생명의 세상으로 돌아올 수 있었다고 믿는다. 끝내 나를 살린 사람은 다름 아닌 나의 아들이었다.

어찌 되었거나 이번 일로 나는 인생의 중간 점검만은 분명하게 했다는 생각이다. 내 삶에 있어서 소중하고 소중하지 않은 것이 확연히 판명이 나버렸고 진실로 나를 생각해주는 사람, 사랑하는 사람이 누구인가 하는 것이 분명하게 드러나고 말았으니까 말이다. 거기에 더하여 내가 그 동안 얼마나 많은 사람들로부터 사랑을 받으며 살아온 사람인가 하는 것을 확인할 수 있었다. 이것 또한 인생의 소득이라면 한 특별하고도 귀중한 소득이라 할 것이다.

고마운 문장들

2007년 3월 10일을 전후해서 정말로 나의 장례위원회가 결성되었다고 한다. 당시 오세영 회장 아래 한국시인협회 부회장이었으므로 시인협회에 알려 일단은 시인협회장으로 하되 장례절차는 내가 다니던 교회 목사님이 집전하고 영결식장은 근무하고 있던 장기초등학교 교정으로 하는 것으로 했다고 한다. 그래서 장례 집행위원장에 김상현 시인, 운구 위원장에 이종진 시인, 장례식 사회는 또 누구, 약력보고는 또 권선옥 시인, 이런 식으로 일하는 사람까지 선정이 되었다고 들었다.

이 때 내가 근무하던 장기초등학교에서는 정년퇴임할 때 나한테 주려고 마련한 기념품대(150만원)에다가 돈을 보태어 300만원을 들여 영결식 단상을 꾸미려고 설계도까지 만들었다고 한다. 뿐더러 장례식장에서 읽을 추도사를 학생 따로 교직원 따로 만들어 읽는 예행연습까지 했다고 한다. 나중에 병원에서 나와 그 자료를 달라 해, 잠시 한 항목을 정하여 여기에 싣는다. 그들의 고마운 마음을 가슴 깊이 간직하고 싶어서다.

추도사 ① 나태주 교장선생님을 기리며
— 장기초등학교 교직원 대표 추도사

언제나 밝고 웃음 띤 얼굴이셨습니다. 그래서인지 돌아보면 항상 그 자리에 계실 줄 알았습니다. 그런데 이렇게 갑자기 떠나시다니요. 큰 일 아니라고, 아이들 가르치는 일에 한 치의 소홀함도 있어선 안 된다며 병문안도 극구 마다하셨지요. 이렇게 가실 줄 알았다면, 그렇게 아파하시며 힘드신 줄 알았다면 바로 달려가 교장 선생님 손 마주 잡고 우스갯소리라도 해드렸을 것을요.

교장 선생님께서 언젠가 말씀하셨지요. 교장 선생님이 바라시는 일이 세 가지였다고요. 시인이 되는 것. 공주에 사는 것. 예쁜 여자와 사는 것. 그동안 그 세 가지를 모두 이루어서 행복하시다고요. 그래서 이젠 새로운 꿈을 꾸신다는 말씀. 교장 선생님께서 이루고 싶다던 그 꿈들이 귓가에 메아리쳐 옵니다. 아드님이 좋은 배필을 만나는 것, 그리고 따님이 어서 아기를 낳아 손주를 보고 싶으시다던…….

교장 선생님을 생각하면 두루마기와 사냥모자가 떠오릅니다. 정갈한 한복 두루마기 차림은 우리의 것을 아끼시는 고집과 믿음이셨고 사냥모자는 새로운 것을 받아들이는 멋스러움과 유연함이셨습니다. 그리고 잔잔한 웃음, 다정한 말투는 푸근함이셨습니다. 교장 선생님을 앞으로 뵐 수는 없지만 그 고집과 믿음, 멋스러움과 유연함, 그리고 다정함, 푸근함은 언제까지나 저희들 기억에 자리할 것입니다.

바쁜 업무 속에서도 시 쓰기에 몰두하시며 건강도 채 돌보지 못하셨던 지난날의 모습이 떠오릅니다. 시집에 넣을 그림을 그리며 이 그림은 어떠냐, 요 그림은 어떠냐 하시며 아이처럼 물으셨던 모습. 인고의 시간을 거쳐 나온 시집에 손수 저희들 직원 이름을 적어 주셨던 기억에 눈물이 글썽여집니다.

교장 선생님은 여행을 참 좋아하셨지요. 곧 있으면 퇴직한다며 직원들과 많은 추억을 만들고 싶어 하셨는데 지난겨울 남해로의 여행이 생생합니다. 사진 찍는 일을 좋아하셔서 손수 카메라로 저희 직원들의 모습을 담아주시던 모습. 사모님께 주신다며 반들반들한 돌을 챙기시던 모습. 그런 교장 선생님 덕분에 저희들은 정말 아름다운 추억을 만들었습니다. 그것이 마지막 여행인 줄도 모르고 저희들은 더욱 교장 선생께 좋은 추억을 만들어드리지 못했음에 가슴이 아파옵니다.

지난달 졸업식 자리에서 어찌나 기분 좋으셨던지요. 그렇게 행복해 하시고 즐거워하시는 모습에 저희들 모두 함께 즐거웠습니다. 그 행복해 하시던 모습, 즐거워하시던 모습, 그 모습, 그 웃음 이제 어디서 만나야 하나요? 기쁨이고 보람이었던 시간들이 이 순간 아프게 떠오릅니다.

이제나마 가시는 길에 불러봅니다.
"교장 선생님, 그동안의 사랑에 감사드립니다."
"저희 장기초등학교 직원들 모두 나태주 교장 선생님의 사랑에 보답하기 위해 보다 더 많은 사랑을 베풀며 살겠습니다."

"교장 선생님, 부디 좋은 곳으로 평안히 가십시오."
삼가 고인의 명복을 빕니다.

2007년 3월 일, 전미경 올림

추도사 ② 장기초등학교 학생 대표
― 남호순 교사가 대신 쓴 글

봄을 시샘하는 찬바람과 함께, 오늘 저희는 아름다운 분, 따뜻한 분, 우리 교장 선생님을 하늘 저편으로 편히 보내드리려 합니다.

갑작스런 소식에 눈물이 납니다. 금방이라도 자상하고 온화한 미소를 지으며 옆에 서 계실 것 같은데, 이제 곁에 계시지 않다는 사실이 믿어지지 않습니다. 제 기억의 모든 곳에 교장 선생님이 계신데, 지금 그 어디에도 교장 선생님의 모습은 없습니다.

매일 잘한다, 잘한다, 칭찬만 해주시던 교장 선생님. 조회 시간마다 노래와 함께 직접 오르간 반주를 해주시던 교장 선생님. 가끔 교장실로 몰래 부르서서 사탕 하나 쥐어주시던 교장 선생님을 다시 뵐 수 없다는 사실이 정말 믿어지지 않습니다. 올해 8월에 정년퇴임을 맞으실 교장 선생님. 지난해 가을 운동회와 올해 졸업식이 정말 마지막이라며 아쉬워하셨었죠. 8월까지 교장 선생님과 마지막으로 해야 할일 들이 많은데, 이제 교장 선생님이 저희들 곁에 계시지 않습니다. 항상 저희들이 다칠까, 아플까, 행여 잘못될까 걱정만 하셨던 교장 선생님. 이곳의 걱정들은 훌훌 벗어버리시고, 장기초등학교에서 좋았던 기억과 따뜻한 온기와 아름다운 마음만을 품고 편히 가세요. 교장 선생님이 걱정하시지 않게 저희들 밝고 예쁘고, 건강하게 자라겠습니다.

하늘나라에서 부디 평안하고 행복하시길 두 손 모아 기도할게요. 그리고 늘 저희들 곁에서 함께 하는 밝은 별이 되어주세요. 밝게 빛나는 밤하늘의 별을 보면서 교장 선생님을 영원히 기억하겠습니다.

마지막으로 제가 가장 좋아하고 교장 선생님 향기가 묻어있는 시와 함께 교장 선생님을 보내드립니다.

교장 선생님, 안녕히 가세요.

풀꽃/ 나태주

> 자세히 보아야 예쁘다
> 오래 보아야 사랑스럽다
> 너도 그렇다.

2007년 3월 일, 학생대표 이효주 올림

편지글/ 그리운 나태주 교장선생님께

망울 맺힌 진달래와 영산홍도 봄볕을 맞이하고, 겨우내 살올라 뽀얀 얼굴 해맑은 아이들도 창밖으로 얼굴 내밀며 기다리고 있는데 중절모 눌러 쓰신 키 작은 교장 선생님의 발걸음과 나지막하지만 다정한 음성 대신 꿈인 듯 날아든 비보에 눈물은 기억을 담아 쉼 없이 흘러내립니다.

현실이 아니라는 부정을 끊임없이 해보지만 지금 여기 와 계신 교장 선생님을 뵙고 나니 목소리의 떨림과 서러움은 기도를 타고 이따금 슬픈 곡으로 울려옵니다. 사랑을 배웠고, 정도 느꼈고, 인간애, 약속, 자신, 인생, '예쁘다', '고생스러워 어쩌죠?'란 낱말들이 남달랐습니다.

가시는 길이 어떤 길인지 알 수 없습니다. 편찮으신 몸으로 먼 길 나서셨지만 그래도 여전히 거룩한 가르침을 나눠주며 가시지요. 고단하신 몸인 채 그리움을 가슴에 남기고 가시는 교장 선생님! 아직 다 못 드린 말씀이 있습니다. 가시는 길에 파란색을 만나면 저인 듯 생각해 주십시오.

영영 못 잊을 교장 선생님께 그 곳에서는 건강하시라는 말씀을 끝으로, 목 놓아 울면서 인사 올립니다.

2007년 3월 일, 장기초등학교 교사 권성진 올림

편지글/ 어서 일어나세요

어떻게 말문을 열어야 할지…
후회가 됩니다.
중국에서 사 온 차도 아직 못 드렸고
선생님을 초대해서 식사도 못 했고…
선생님, 삶이 참 허무하지요?
어저께만 해도 뵈었는데…

갑자기 소식을 접하고 말문이 막힙니다.
어서 일어나세요.
꽃향기가 오고 있잖아요.
아직 글도 더 쓰셔야 하고
이 고장의 정신 지주로 더 계셔야 하고
사모님과 더 오래오래 노년을 보내셔야 합니다.
저같이 오지랖이 좁은 사람
의지가 되게 해 주시고요.
아직은 멀었습니다.
힘내시고 일어나세요.
우리 고장에도 꽃소식이 찾아듭니다.
봄과 함께 꼭 일어나셔야 합니다.
기다립니다.
더 좀 잘 모셔야 하는데
이거 말로 표현을 다 하지 못하겠습니다.
이제 피어나는 벚꽃은 함께 보셔야 합니다.
오실 날을 목매어 기다립니다.
선생님은 우리에게 너무나 소중하신 분입니다.

꼭 건강 회복하십시요!
선배님을 하늘같이 소중히 사랑합니다!

2007년 8월 28일
공주신월초등학교 교장 조동수 드림

노인의 기도

　노인은 세상을 오래 산 분들이다. 그러므로 경험이 많고 세상을 바라보는 안목이 높을 수밖에 없다. 노인의 덕성은 지혜 있음에 있다. 여기서 지혜란 앞날에 대한 예견력을 말한다. 실지로 인간의 알음알이로선 지식과 지혜가 있겠는데 지식은 주로 과거나 현재에 관한 것이 많고 눈에 보이는 것, 실증 가능한 것들이 많은 대신, 지혜는 미래에 관한 것이고 눈에 보이지 않는 것, 실증이 불가능한 것들이 많다 하겠다. 이번에 내가 앓아누웠을 때에도 몇 분 노인들의 기도와 예견과 축복이 있었다. 실로 노인의 축복을 받는다는 것은 좋은 일이고 고마운 일이고 또 그만큼 역경을 헤쳐나가는데에 힘이 되는 일이겠다.

　중환자실에 있을 때 아버지가 면회차 오신 일이 있었다. 나는 아버지의 큰 자식이다. 큰 자식이 꺾이면 나머지 자식에게까지 영향을 준다는 속설을 믿어서 그랬던지 아버지는 언제나 큰 자식인 나에게 잘해주시었다. 어려서부터 그랬다. 일찍이 큰 기대를 걸어주시었고 자란 뒤에는 가문의 명예를 높인 자식으로 평가하기도 하시었다. 그런 아들이 몸을 상해 죽기 일보 직전이니 그분의 고충과 절망이 얼마나 크셨을까? 나는 될수록 아버지가 병원으로 면회 오시는 걸 만류하고 싶었으나 끝내 중환자실을 찾아오신 것이었다. 아버지를 뵙자 많이 송구한 마음이 들었다.

"아버지, 자식 된 자가 이렇게 앓아누워 죄송합니다."

"아니다, 아니야. 너는 어려서부터 몸은 약했지만 마음은 독한 아이였다. 내가 그걸 잘 안다. 네 독기로 잘 이겨내도록 하려무나. 나는 네가 잘 이겨낼 줄 믿는다. 세상은 아직도 징글징글하도록 좋은 곳이란다. 부디 살아서 나오도록 하려무나."

"예, 아버지."

나는 아버지가 말씀한 '세상은 아직도 징글징글하도록 좋은 곳이란다'라는 말씀에서 그 '징글징글'이란 단어에 마음을 새기며 대답했다. 아버지를 위해서라도 기어코 살아서 병원을 나가야 하겠다는 결의가 생겼다. 퇴원한 다음, 이때의 일을 시로 써서 시집에 넣기도 했다.

    큰 병 얻어 중환자실에 널부러져 있을 때
    아버지 절룩거리는 두 다리로 지팡이 짚고
    어렵사리 면회 오시어
    한 말씀, 하시었다

    애야, 너는 어려서부터 몸은 약했지만
    독한 아이였다
    네 독한 마음으로 부디 병을 이기고 나오너라
    세상은 아직도 징글징글하도록 좋은 곳이란다

    아버지 말씀이 약이 되었다
    두 번째 말씀이 더욱

좋은 약이 되었다.

— 나태주, 「좋은 약」 전문

그다음으로 김상현 시인의 어머님. 김상현 시인의 어머님은 90이 넘으신 극노인이시다. 당신의 몸도 편치 않아 자주 병원 신세를 지시는 분인데 독실한 기독교 신자로 1년에 성경책을 몇 차례씩 통독하시고 기도를 하실 때에도 오랜 시간을 몰두하는 분이라 들었다. 김상현 시인과 사귀면서 여러 차례 뵈었으므로 개인적으로 면식이 있는 분이기도 하다. 그런 분이 내가 아프단 소식을 접하고 길고 길게 기도를 하셨다고 한다. 2시간 정도 기도를 드렸는데 기도 중에 나에 대한 응답을 받으셨다는 것이었다.

'나태주 선생은 이번에 절대로 죽지 않습니다.'

아드님인 김상현 시인을 통해 전해준 말씀이시다. 병원에서조차 손을 못 쓰고 있는 환자나 또 가족들에게 이런 말씀은 얼마나 큰 위로가 되었겠는가. 이보다 더 큰 축복이, 복음이 어디 있었을까. 지푸라기라도 잡고 싶은 심정의 사람들에게 더욱이나 그러했을 것이다.

고향의 큰 숙부님(나승곤) 또한 이번에 나를 위해 많은 기도를 아끼지 않으신 분이다. 그분은 아버지보다 두 살 연하인 분으로 평생 가난과 병고에 시달리며 사신 분이다. 돈이나 명예하고도 거리가 먼 삶이었다. 당신의 형제들 가운데서도 밀리는 편이라 늘 뒷전에서 쓸쓸히 사시는 걸 오랫동안 보아왔다. 하지만, 일찍이 종교에 눈을 떠 시시때때로 마을의 조그만 교회당에 나아가 엎드려 기도로 세월을 보내신 분이다. 분명 그런 까닭이었을 것이다. 노년에 이르러 이분은 점점 육신의 건강도 좋아지고 마음의 평화도 남다른 것 같았다. 늘 얼굴빛이 밝고 환했다. 온화하고 편안해 보였다. 종교의 힘이란 학식이나 재산, 사회적 지위 같은 것과는 무관하게 존재한다는 것을 가까이서 보여준 분이다. 문병 차 병원에 들르마 여러 차례 벼르다가 어느 날 찾아와 나의 등허리에 손을 얹고 뜨겁게 뜨겁게 기도를 해주시었다. 나더러 '지푸라기 덤불 속에 던져진 알곡 하나'라는 말씀을 해주시었다. 그 역시 몸과 마음을 송두리째 내려놓고 앓고 있는 사람에겐 마음의 큰 힘이 되어주었다.

바다 건너온 문병객

까물거리던 정신이 어느 정도 돌아오고 나서 다음 다음날쯤 될 것이다. 3월 16일. 아들아이의 말에 의하면 미국에서 문병 온 사람이 있다고 했다. 그때까지만 해도 면회가 사절되던 때라서 아들아이는 그마저 거절하고 싶은 투로 말했다. 그러나 그럴 수는 없는 일이라는 생각이 들었다. 내가 나서서 그러지 말라고 타일렀다. 바다 건너서까지 비행기 타고 온 사람을 어찌 거절할 수 있겠느냐는 것이 혼미한 정신 가운데서도 내 판단이었던 것이다.

찾아온 사람은 성영라 씨. 미국 LA에 사는 여성 문인이다. 원래 수필을 쓰는 사람이었으나 최근엔 시도 더러 습작하고 있는 아주 귀엽고 상냥하고 어여쁜 젊은 여성이다. 그동안 LA를 세 번 방문한 바 있는데 첫 번째와 세 번째 반갑게 만난 일이 있었다. 문학의 일로도 만났지만 개인적인 일로도 만나 친분이 생긴 사이였다. 특별히 지난해 11월, 세 번째로 갔을 때에는 하루를 정하여 이른 아침부터 남편이랑 나와 한국서부터 동행했던 구재기 시인과 나를 자기가 다니는 교회로 안내해주기도 했다. 그 교회는 한인 중심의 교회가 아니라 완전히 미국인들 중심의 본바닥 교회였는데 나는 거기서 영어로 이루어지는 예배에 참여할 수 있었다. 다는 알아들을 수 없었지만 찬송가나 설교가 아주 특별하고 신선해서 나름대로 강한 감동과 종교적 은혜를 받은 바 있다. 그날 오후엔 역시 수필을 쓰는 LA의 실력 있는 수필가 하정아 씨가 안내해주어 구재기 시인, 문금숙 시인, 나, 성영라 씨, 이렇게 다섯이서 우리말로 '대머리 산'이란 별명을 지닌 아주 높은 발디산을 리프트카로 오르며 의미 있고 즐거운 한때를 보낸 일도 있었다.

그런 성영라 씨가 내가 아프단 소식을 듣고 급히 한국에 왔다는 것이다. 실은 가을에 부산에 있는 친정에 오기로 계획되었는데 나의 일로 일정을 당겨 왔다는 사연이었다. 그런 소중한 손님인데 어찌 만나지 않을 수 있겠는가. 아들아이는 만나긴 하되 말은 많이 해서는 안된다는 지침을 주었다. 내가 늘 감정에 격해서 스스로 스트레스를 받고 흥분하고 충격을 받는다고 생각하고 있었던 것이다. 나는 복사지 한 장에 성영라 씨에게 드리는 편지를 썼다. 아마도 그것은 대화를 많이 할 수 없노란 말과 심정적으로 복잡하니 미국에 사는 문인들에 관한 상세한 근황에 대해선 일일이 말해주지 않아도 좋겠노란 내용이었지 싶다. 성영라 씨는 2인 병실로 옮겨지고 나서 가족이나 의료진 이외에 만나는 최초의 외부인이었다(김상현 시인 같은 예외자는 있었지만).

성영라 씨는 구재기 시인과 동행해서 병실로 들어왔다. 구재기 시인도 중환자실에서 경황없이 만나고 나서 처음의 만남이었다. 반가웠다. 내가 아직도 살아서 미국에서 온 문병객을 맞는다는 것이 꿈결같이만 느껴졌다. 성영라 씨는 언제 보아도 싹싹하고 고운 사람. 몸과 마음이 함께 그럴 수 없이 보드랍고 따뜻한 젊은 아낙네. 나는 성영라 씨에게 영어로 찬송가를 불러 달라고 부탁했다. 그녀 자신이 다니는 미국인 교회에서 예배시간에 세 명의 여성 싱어 가운데 일인으로 노래를 부르는 걸 본 기억이 있기 때문이다. 성영라 씨는 아주 작고도 고운 목소리로 찬송가를 불렀다. 노래는 솜사탕처럼 부드럽고 달콤했다. 노래는 잠시 모진 육신의 고통에서 벗어나 꿈꿀 수 있는 시간을 나에게 선물했다.

> 내 구주 예수님
> 주님과 같은 분이 없습니다
> 내 평생에 찬양하기 원합니다
> 큰 사랑의 놀라움
> 나의 위로 나의 은신처
> 피난처와 힘
> 모든 호흡, 나의 전부로
> 결코 멈추지 않고 당신을 경배합니다
>
> 주님께 외치십시오
> 온 땅이여 찬양합시다
> 능력과 위엄을 왕께 찬양합니다
> 산이 절하고
> 바다가 굽이칩니다
> 주님의 이름을 부르는 소리
> 당신의 손이 행한 일들을 기쁨으로 노래합니다
> 영원히 당신을 사랑할 것입니다
> 영원히 나는 서 있을 것입니다
> 그 약속과 비교할 것이 아무 것도 없습니다
> 당신께 받은 그 약속
>
> — 찬송가, 「주님께 외치십시오」

"선생님, 저희들 멀리서도 기도하고 있다는 걸 잊지 마셔요. 어서 일어나시어야 해요."

찬송가를 부른 다음 성영라 씨는 내 손을 잡아 주었다. 손길 또한 부드럽고 따뜻했다. 이러한 성영라 씨와 나의 일거수일투족을 저만큼 떨어져서 구재기 시인이 묵언(默言)으로 지켜보고 있었다. 그의 눈빛이 아무래도 걱정스럽다는 듯 아득한 표정이었다. 나중에 아이들한테 들으니 성영라 씨는 LA에 사는 문우들 몇 사람인 구자애 시인, 윤석훈 시인, 이정아 수필가, 조만연 수필가, 조성희 시인, 조옥동 시인 등 여러분의 위로금을 모아 가지고 왔다고 했다. 그 뒤로 하정아 씨와 김호길 시인이 따로 위로금을 보내주기도 했다. 이런 때는 돈이 문제가 아니다. 바다 건너 문인들한테까지 이렇게 염려를 끼치고 그분들의 과분한 사랑을 입었다니 송구스런 마음이면서 기꺼운 마음이기도 했다.

바다, 큰 바다 건너 비행기 타고
찾아온 그 마음 잊지 못해요

몇 번이나 만났다고
고국의 시인 한 사람
쓰러져 앓고 있다는 소식 듣고
급하게 위로금까지 모아서
가져오신 그 발길 잊지 못해요

병원비용에 쓰일지
장례비용에 쓰일지 모른다며 모았다는 돈
그건 돈이 아니라 사랑이에요
하나님께 통사정해 매달리는 간구(懇求)이구요
바다 건너 형제여 자매여

그 사랑 그 간구로
나 이렇게 일어났어요

집에 돌아와 밥도 먹고 물도 마시고
걸어서 외출도 하고
못 만났던 사람들 만나 웃으며 이야기도 해요
가끔은 과자나 빵, 아이스크림을 사먹기도 해요

새로 만나는 세상이 얼마나 신나고
재미나고 고맙고 반짝이는지 모르겠어요.
— 나태주, 「잊지 못해요」 전문

끝없는 악몽

　보름 만에 처음으로 잠을 자고 난 이후, 잠이 들기만 하면 어김없이 꿈을 꾸었다. 꿈이라도 평상시에 꾸던 그런 꿈이 아니라 아주 특별한 꿈, 악몽을 꾸는 것이었다. 번번이 꿈을 깨고 나면 온몸이 식은땀에 절어 있을뿐더러 꿈의 내용까지 한동안 선명하게 남아 있는 게 마음에 걸렸다. 꿈의 종류는 대개 세 종류. 하나는 물고기에 관한 것이다. 물고기라도 나의 꿈에 나타나는 물고기는 죽은 물고기들이었다. 꿈일망정 기분이 안좋았다.

　아직도 분명히 기억하고 있는 꿈으로 이런 것이 있다. 고향 마을 저수지에서 흘러 내려오는 넓은 수로가 보이고 거기에 커다란 물고기, 동태 비슷한 고기가 떠내려오고 있었다. 한두 마리가 아니라 수로 가득 채우고 빽빽하게 떠내려오고 있었다. 헌데 자세히 보았더니 그 물고기들은 살아 있는 물고기가 아니라 죽은 물고기들이었다. 나는 섬뜩한 느낌이 들어 한동안 꿈길을 헤매다가 소스라쳐 잠을 깨었다.

　그다음엔 이런 꿈도 있었다. 넓은 호수가 펼쳐져 있었다. 바닥까지 훤히 드러나 보이는 맑은 물이 가득 고여 있었다.

호숫물 건너편으로 우거진 수풀이 보이고, 그건 또 맑은 물에 그림자를 드리우고 있었다. 물의 표면이 반들반들하게 빛나 보이는 것도 같았다. 한 번도 가보지 않은 캐나다나 그런 나라의 풍치 좋은 침엽수림같이 보였다. 나무들은 반쯤은 단풍이 들어있는 듯 노랑색과 갈색을 적당히 버무린 색깔을 띠고 있었다. 아름다웠다.

호수 가운데에는 아이들이 정강이까지 물에 잠겨 족대 비슷한 도구로 고기를 잡고 있었다. 우리나라 같은 동양의 아이들이 아니라 서양의 아이들처럼 보였다. 나는 호수 한가운데로 뻗은 기다란 다리 위에 쪼그리고 앉아 있었다. 다리는 호수를 가로지른 게 아니라 호수 중간까지만 뻗어 있었다. 나는 한참 동안 다리 끝부분에 쪼그리고 앉아 있었다. 다리가 물에 닿을 듯 말 듯 높이가 낮았다. 내 앞에 몇 마리의 물고기들이 한가롭게 헤엄치고 있었다.

나도 아이들처럼 물고기를 잡아보아야겠다는 생각이 들었다. 두 손을 뻗어 물고기 몇 마리를 떠올렸다. 맑은 물과 함께 물고기가 손쉽게 손바닥 안으로 떠올려졌다. 조금 전까지만 해도 물속에서 헤엄치며 놀고 있던 물고기들이다. 그런데 내가 두 손으로 들어 올리자 금방 죽은 물고기로 변해버리는 게 아닌가! 물고기는 마치 나무로 만든 조각품처럼 딱딱하게 굳어 있었다. 나는 오싹 소름이 끼쳐지면서 반사적으로 물고기를 놓아주고 말았다. 그랬더니 다시 물고기는 물속으로 유유히 헤엄치며 나아가는 게 아닌가! 나는 깜짝 놀라 잠에서 깨어나 자리에서 일어나 앉기도 했다.

그다음으로는 방에 대한 꿈이다. 꿈속에서 나는 어디로인지 모를 곳으로 끝없이 가고 또 가곤 한다. 아름다운 경치를 구경하기도 하고 나중에는 커다란 집을 만나게 되고 끝내는 그 집에 있는 조그만 하나의 방에 들어가 혼자서 드러눕는 꿈이었다. 방의 빛깔은 사방이, 아니 천장까지 밝은 황토 빛깔일 때가 많았다. 새로 만들어진 방인 듯 가구는 하나도 없었고 썰렁한 방이기 십상이었다. 그런 방에 누워있으면 편안한 마음이 들기도 했다. 숨쉬기가 유난히 편안했다. 그러나 나는 얼마 지나지 않아 그 방을 빠져나와 다시 갔던 길을 되짚어오곤 했다. 올 때는 고물 자동차나 자전거같이 바퀴 달린 것을 타고 미끄러지듯 빠른 속도로 돌아오곤 했다.

세 번째로는 할머니에 대한 꿈이었다. 가끔 친할머니가 보이고 외할머니가 자주 꿈속에 나타나시곤 했다. 배경으론 외할머니와 살던 외갓집이 나오기도 했다. 그러나 외갓집은 예전의 그것이 아니라 새롭게 고쳐졌거나 낯선 모습을 하고 있었다. 외할머니는 꿈속에서 생시의 그 인자한 모습이 아니라 상당히 이상스러운, 때로는 괴기스럽기까지 한 모습으로 변해서 내 앞에 나타나시곤 했다. 젊은 아낙의 모습이기도 했고, 립스틱을 빨갛게 칠한 입술로 우스꽝스런 얼굴이기도 했고, 심지어는 무당의 모습일 때도 있었고, 술집 여자들처럼 어깨가 몽땅 드러난 옷차림이기도 했다. 그러나 옷차림만은 한복이었다. 친할머니의 꿈이 모두 흑백이었다면 외할머니의 꿈은 컬러가 많았다. 그런 꿈을 꾸고 나서는 번번이 몸의 상태가 좋지 않았다. 한축(오한으로 몸을 떠는 증상)을 하면서 심하게 앓기도 했다.

이번에는 나의 꿈이 아닌 타인의 꿈에 대해서도 몇 가지 기록해볼까 한다. 내가 앓아누워 있는 동안 주위 사람들이 여럿 나에 대한 꿈을 꾸었다는 말을 들었다. 그 가운데 특별한 느낌을 주는 것은 공주에서 사는 시인 성배순 씨의 꿈과 동료교사 윤용호 씨의 꿈과 서울 고요아침 출판사 김창일 편집장의 꿈이다.

성배순 씨는 내가 자기의 꿈에 나왔는데 쭈그리고 앉아서 짚으로 새끼를 꼬고 있더란다. 아무 말도 없이 새끼를 꼬아 어깨너머로 넘기기만 하더란다. 꿈을 깨고 나서 하도 이상해 꿈 풀이를 해보니 괜찮은 꿈 같아서 나에게 전한다며 대전 을지대학병원에 찾아와 이야기를 일부러 들려준 적이 있다.

병원에서 나와서 한참 만에 어떤 자리에서 들은 이야기로 내가 공주 왕흥초등학교(지금은 폐교된 학교) 교장으로 있을 때 함께 근무한 동료교사 윤용호 씨의 꿈 이야기도 있다. 내가 아프다는 소식을 듣고 나서 어느 날 밤 꿈을 꾸었는데 내가 자기 꿈에 나오더란다. 어딘가 높은 산으로 내가 자꾸만 올라가더니 산꼭대기 부분에서 자갈밭을 두 손으로 자꾸만 파헤치더란다. 그곳은 물이 전혀 나올 것 같지 않은 곳인데 거기서 샘물이 솟아 나오더란다. 그래서 윤용호 씨는 내가 결코 죽지 않을 것이라는 생각을 했다는 것이다.

그리고 김창일 씨의 꿈인데 그의 꿈은 더욱 신비하고 난해하기까지 한 꿈이다. 어느 날 밤 김창일 씨의 꿈에 내가 나타났다고 했다. 말끔한 양복 차림으로 자기네 출판사를 찾아왔더라는 것이다. 병원에 있는 줄로만 알았는데 웬일이냐

물으니 괜찮다고만 말하더라고 했다. 밖으로 나가자고 해 시장 같은 곳을 쏘다니며 둘이서 이것저것 구경도 하고 음식도 사서 먹고 술도 마셨다고 한다. 아픈데 술 마시면 안 되지 않느냐 말했는데 손을 저으며 조금은 괜찮다고 컵에서 3분의 1가량 마시더라는 것이었다.

그러더니 어디인가로 데리고 가서 책의 모서리에 쓰여 있는 글씨를 읽어보라고 손가락으로 짚어주더라는 것이었다. 그것은 영문 글자로서 평소에는 잘 읽지 못하던 단어였는데 스펠링이 선명하게 기억에 남았다고 한다. 'catastrophe.' 퍼뜩 잠에서 깨어나 사전을 찾아보니 정말로 그 단어가 나와 있더라 했다. 뜻은 '① (희곡의) 대단원, (비극의) 파국. ② 대이변, 큰 재해, 파멸. ③ (지각의) 격변, 대이동'이었다 한다. 신기하기도 하고 놀랍기도 해 입을 다물고 있었다 한다. 무언가 불길한 조짐 같았지만 꿈은 반대라니까 기다리고 있었는데 끝내는 나의 병원 생활이 좋은 쪽으로 결판이 나, 나중에야 말해준다면서 출판사를 찾던 날 상기된 어조로 김창일 씨가 전해주었다. 이 또한 나의 건강과 생명의 안위를 위해 마음속 깊이 걱정해 준 사람들의 일이라 여간 고마운 바가 아니었다.

십계명을 외우다

두 번이나 음식 먹는 일을 시도하다가 실패했다. 음식이라야 미음이거나 밥알을 끓여서 만든 죽 비슷한 것이었다. 한 끼니에 겨우 다섯 수저 정도밖에 먹지 않았는데도 열이 오르고 배가 아팠다. 몸에서 음식을 받지 않는다는 증거였다. 본래 췌장염의 치료는 방법이 없어 환자를 굶기는 것만이 최선의 방책이라니 어쩔 도리가 없는 일이었다. 물 한 모금도 마실 수 없는 날들이 계속되고 계속되었다.

4월 1일. 2인 병실에서 4인 병실로 옮겨온 지 며칠 안 되는 날. 저녁 무렵에 계룡시에 사는 이섬 시인과 그 남편 김태기 선생이 문병을 왔다. 같은 시간대에 사촌동생인 명주도 찾아왔다. 김태기 선생은 독실한 기독교 신자로 교회의 장로이다. 사촌동생 명주도 교회의 장로이다. 우연하게도 그 날은 장로 두 사람이 겹치기로 문병을 와준 것이었다. 나는 명주와 우상숭배 문제에 대한 대화를 하고 있었다. 그동안 나는 교회에 다니고는 있었지만 고향집에서 지내는 명절 제사 때 제사상의 신위 앞에 큰절을 드리곤 했다. 아버지가 원하시는 일이니 어쩔 수 없는 일이라는 생각에서였다. 명주는 단호하게 그래서는 안 된다고 충고를 해주었다. 나도 그래야 하지 않을까 싶다는 생각이 들었다.

명주는 나보다 나이가 훨씬 어린 아우이다. 내가 초등학교 선생을 할 때 초등학교 학생이었던 사람이다. 그런 동생 앞에서 내가 한없이 초라하게 작게만 느껴졌다. 종교 문제에 관한 한 늘 아버지 눈치만 살피며 살아온 스스로의 입장이 무력하고 서글프게 여겨지기도 했다. 나는 맏이면서도 어린 시절, 그러니까 초등학교 시절 외갓집에서 자랐으므로 늘 본가에서는 이질적인 존재였다. 어른들 앞에서도 그러했고 손아래 형제들 사이에서도 그러했다. 언제나 나 혼자라는 생각에서 벗어날 수 없었고 외롭다는 느낌을 지울 수 없었다. 오래전 기독교 신자가 되기는 했지만 기독교 신자로 행세를 하지 못하고 있었다. 그런 생각에 잠겼더니 갑자기 심정이 울적해졌다.

나는 이섬 시인과 더불어 지켜보고 있던 이섬 시인의 남편 김태기 장로에게 기도를 해주십사 청했다. 김태기 장로는 나하고 몇 차례 정도 만난 처지로 아직은 서먹한 관계인데도 선선히 기도의 청을 들어주었다. 무릎 꿇고 앉은 나의 등 뒤로 김 장로의 손이 얹혀지고 기도가 시작되었다. 나의 몰골이 안쓰러워 보였던가. 종교적인 측은지심이었을까. 아니면 그동안 동년배로 살아온 인생역정에 대한 동병상련, 동질감 같은 것이 작용되어서였을까. 김 장로는 진심을 다해 정성껏 기도를 해주었다. 나중에는 기도를 하는 사람도 울고 기도를 받는 사람도 울게 되었다. 주위에 있던 사람들도 따라서 울었다. 가슴이 후련해지는 듯싶었다. 김태기 장로의 기도가 끝난 뒤, 사촌동생 명주는 당장 고향집 막동리로 돌아가 큰아버지를 만나 이 같은 형의 입장과 심경을 밝히고 마음 놓고 교회에 다닐 수 있게 하는 것과 제사 때 신위에 절하지 않을 것을 승낙받겠다고 말했다. 고마웠다.

그날 밤 더욱 잠이 멀었다. 밤이 되면 폐렴 증상 비슷하게 고열이 나고 잔기침이 나왔다. 낮에는 지쳐서 잠을 자고 밤에는 반대로 잠이 오지 않았다. 말하자면 밤과 낮의 생체리듬이 바뀐 것이었다. 그 자체가 괴로움이었다. 어느덧 병실의 벽시계는 자정을 넘겨 새벽 시간을 알리고 있었다.
"여보, 나 당신 앞에서 십계명을 지킬 것을 서약하고 싶어요."
나는 침대 머리맡에 놓여 있는 성경책을 가져다 펼치면서 아내에게 말했다.
"그래요? 정말 당신이 그럴 수 있어요?"
아내는 아무래도 의아스럽다는 듯한 표정으로 나를 건너다보았다. 그러다가 성경책을 받아들고 한 항목씩 천천히 읽어 내려갔다. 끝에 가서는 '그대로 지키시겠습니까?' 하고 물었다. 그럴 때마다 나는 '예'하는 말로 화답했다. 곰곰이 살펴보니 십계명을 지킨다는 게 여간 어려운 일이 아니란 생각이 들었다. 그동안 얼마나 내가 불성실한 신자였던가 하는 것도 반성되었다. 십계명 가운데서도 제2계명이 우상숭배에 관한 것인데 그 계명이 제일로 길고도 복잡하게 기술되어 있다는 것을 알게 되었다. 문답을 모두 마친 뒤 아내는 눈이 부신 사람처럼 나를 바라보아 주었다.

다음날, 담당의사인 김안나 교수가 1주일간의 세미나 출장을 마치고 병원으로 복귀했다. 김 교수는 나의 상태를 살피고 깜짝 놀라는 표정을 지었다. 13층에 있는 소중환자실 격인 격리병실로 옮겨야 한다고 했다. 그러나 격리병실엔 비어 있는 침대가 없었다. 하는 수 없이 4인 병실에서 1인 병실로 옮기기로 했다. 특별관리를 해야만 한다는 것이었다. 1인 병실로 가서도 열은 내리지 않았고 혼미한 정신 상태는 여전했다.

  1인 병실로 옮긴 날 오후였을 것이다. 고향집에서 아버지와 첫째 남동생 선주가 면회를 왔다. 그 전날 사촌 명주가 나한테 다녀서 고향집으로 가 아버지에게 나의 심정을 대신 밝혀드러서 그렇게 급하게 면회를 오신 것이었다. 나는 아버지에게 울면서 말씀드렸다. 아무래도 아들 노릇을 제대로 하지 못할 것 같으니 장자로서의 소임과 일체의 권익을 포기하겠노라고. 그리고 죄송한 일이지만 이제부터는 제사 때에도 제삿상에 큰절을 하지 않겠으니 용납해 주시라고 말씀드렸다. 아버지는 내 말을 듣기가 거북하셨던지 자꾸만 말을 중지시켰다. 그러나 나는 독한 마음을 먹고 끝까지 들어주십사 부탁을 드렸다. 다음으로는 아버지가 나에게 물려주시기로 한 일단의 재산권(집, 산소, 텃밭)까지 포기한다고 말씀드렸다. 더불어 남동생 선주에게 나를 대신해서 장자의 역할을 해달라고 부탁을 하기도 했다. 그러나 아버지가 많이 섭섭하게 생각하실 것 같아서 끝에 한 마디를 붙여서 말씀드렸다.
  "아버지, 그렇다고 제가 아주 변하거나 멀리로 가버리는 건 아닙니다. 다만 그 일만 그렇다는 말씀이지 여전히 저는 아버지 곁에 아버지의 아들로 남아 있을 것입니다."

구원에의 확신

1인 병실로 옮기고 상태가 더욱 기울었다. 병원에서는 최선을 다하는데 전혀 호전의 기미가 없었던 것이다. 환자나 돌보는 가족이나 병원 의료진이나 모두가 지루하고 지칠 따름인 한 달이 덧없이 흘러가고 있었다. 나의 병세는 여전히 고열과 해열을 반복하고 있었다. 해열이 될 때는 흐르는 땀으로 환의患衣를 몽땅 적시곤 했다. 날마다 흘린 땀이 얼마나 되는지 모를 정도로 많은 땀을 흘렸다. 나는 본래 땀을 많이 흘리지 않는 체질이다. 그런데 어디서 그렇게 많은 땀이 나오는지 모를 만큼 많은 땀이 나왔다. 참으로 원없이 흘려본 땀이라고나 할까. 수건으로 닦아내고 닦아내도 흐르고 흐르는 땀의 홍수였다.

며칠 전 4인 병실에서 새벽 시간에 십계명을 지키겠노라 아내 앞에서 서약을 하고 나서 여러 가지 생각에 잠기곤 했다. 나는 과연 구원을 받은 사람인가? 이러다가 죽을지도 모르는데 이대로 세상을 뜨게 되면 구원을 받았다는 확신이 없어서 어쩌나? 과연 나는 그동안 무엇을 위해 살아왔나? 나에게 남겨진 것은 무엇인가? 인생의 의미란 진정 무엇인가? 일단 어려운 고비를 넘겼다 하지만 불안한 마음, 의심스러운 마음이 가슴속에 스멀스멀 피어오르기 시작했다. 괴로웠다. 4월 17일 토요일, 오전 시간. 아내가 이익로 목사 이야기를 꺼냈다. 답답한 마음이니 전화라도 한번 걸어보자는 것이었다. 이 목사는 우리가 전에 다니던 교회에서 만났던 목사이다. 우리가 교회를 바꾸기 훨씬 전에 경기도의 한 교회로 자리를 옮겨 지금은 그곳에서 큰 교회를 맡아 사역을 하고 있는 분이다. 아내의 전화를 받고 이 목사는 매우 놀라는 듯싶었다.

전혀 예상치 않았던 일이었다. 그날의 저녁 시간. 이익로 목사가 사모님이랑 나의 병실로 들어섰다. 다급한 소식을 듣고 그냥 있을 수만은 없었다고 했다. 자리에 앉자마자 이 목사는 내 얼굴을 똑바로 응시하며 물었다. 그것은 성급하고도 다급한 질문이었다.
"나 선생님, 나 선생님은 자기 자신이 구원받았다고 생각하십니까?"
나는 속으로 적잖게 놀라는 마음이었다. 그렇지 않아도 그것이 지금까지 가장 궁금하고 미덥지 못한 문젯거리였는데 그걸 핀셋으로 꼭 집어 올리듯 질문을 던졌던 것이다. 내 마음을 유리창을 통해서 들여다보듯이 하는 말 같았다.
"아니요, 전 아직 구원받지 않았다고 생각합니다."
"그렇습니까? 그래서 제가 이렇게 서둘러 왔습니다. 나 선생님이 분명 그걸 힘들게 생각하고 있을 것 같았거든요. 결론부터 말씀드리면 나 선생님은 이미 구원받으셨습니다."

"그런……가요?"
나는 많이 미심쩍은 말투로 어정쩡하게 대답했다. 그러나 이익로 목사가 다시 물었다.
"나 선생님은 하나님이 계시다는 것을 믿으시나요?"
"예, 믿습니다."
"그리고, 천국이 있다는 것도 믿으시나요?"
"예, 믿습니다."
"그럼 됐습니다. 나 선생님은 이미 구원받으셨습니다. 그것이 바로 구원받은 증거입니다. 하나님은 인간의 행위나 공로를 보고 구원을 해주시지 않습니다. 다만 믿음으로 구원을 해주십니다. 그건 마치 아버지가 자식을 행위나 공로로 인정하는 것이 아니라 다만 자식이기 때문에 자식을 인정하는 것과 같습니다. 구원은 은혜로 받는 것이지 결코 공로로 받는 것이 아닙니다."

이어서 이익로 목사는 당신이 준비해온 성경책을 펼쳐 읽으면서 내가 구원받은 증거를 성경 말씀을 통해 알려주었다.
(요한복음 6장 44절, 사도행전 13장 48절, 고린도 전서 12장 3절, 요한복음 5장 24절)

말씀이 끝난 뒤 나의 등 위에 두 손을 얹고 기도해 주었다. 이익로 목사의 기도는 언제나 열정적이고 뜨겁다. 환의 너머 등허리에 이익로 목사의 손바닥에서 나오는 뜨거운 기운이 후끈후끈하게 느껴졌다. 손가락 끝이 많이 떨리고 있었다. 끝내는 나도 울고 이익로 목사도 울게 되었다. 옆자리를 지키던 아내와 목사 사모님까지도 울었음은 물론이다. 그것은 나에게 희미하게나마 구원의 확신을 심어준 귀중한 한밤의 일이었다.
"이익로 목사님, 참으로 감사합니다. 고맙습니다."

한계에 이른 내과적 치료

서서히 죽어가고 있었다. 두 달 가까이 밥 한 술, 물 한 모금 목구멍으로 넘기지 못하고 오직 링거 줄에 의지해 살면서 몸은 야윌 대로 야위어가고 있었다. 열은 또 그리도 지악스럽게 계속해서 오르내리는 건지……. 열이 나면 해열제 주사를 맞고 전신이 땀범벅이 되어 코를 골며 잠이 들기를 반복하고 있었다. 옆에서 지켜보는 아내조차 나의 목숨이 서서히 꺼져가고 있는 걸 눈치채지 못하고 있었다. 1인 병실로 옮겨 보름 가까이 아무런 차도差度가 없었다. 다만 좀 더 좋아지기만 바라며 보낸 날들이었다. 허송세월했다고나 할까. 창밖으로 한해의 봄이 지향 없이 밀려왔다가 또다시 밀려가는 걸 멍하니 바라보고 바라볼 따름이었다. 벚꽃, 백목련, 이팝나무 꽃들이 차례대로 물결처럼 떼를 지어 피었다가 지고 있었다.

비상수단이라도 써보아야겠다는 의도에서 그러했던지 담당의사가 콧구멍으로 가는 비닐관을 넣어 유동식을 공급하는 방법을 써보자 했다. 속칭 '콧줄'이라고 부르는 것이었다. 대개 이 방면에 고장이 난 환자들의 경우, 콧구멍으로 해서 식도를 거쳐 위장까지만 가는 콧줄을 넣는다. 그러나 나는 췌장을 자극하지 않기 위해 십이지장을 거쳐 소장까지 관을 넣어야 한다는 것이었다. 다른 환자들보다 훨씬 더 긴 관이었다. 병원에서 그런 비닐관을 구해 오라는데 대전 시내의 어떤 의료기 상사에서도 구할 수 없다는 것이었다. 하는 수 없이 아들아이가 서울로까지 수소문해 가까스로 병원에서 요구하는 길이가 긴 콧줄을 구입해 왔다.

 콧줄을 넣은 뒤로 하루에 세 차례씩 유동식을 주입했다. 링거처럼 폴(pole)대에 유동식이 든 비닐 주머니를 매달아 놓고 조금씩 흘려보내는 방식으로였다. 그러나 유동식이 들어간 뒤에도 열은 간헐적으로 오락가락했고 병세는 조금도 꺾이지 않았다. 1인 병실에서 아내와 둘이서만 지내다 보니 처음엔 조강한 것 같고 한갓져서 좋았지만 점점 따분하고 지루하다는 느낌이 생겼다. 분위기가 점점 가라앉았다. 아내는 본래 우울증 증세가 약하게 있는 사람이다. 나중에는 아내의 우울증 증세가 도지려 하는 지경에까지 이르렀다. 아이들은 1인 병실에 더 머물기를 원했지만 더 이상 1인 병실에 있으면 안 되겠다는 자각이 왔다. 그건 아내나 내나 공통의 의견이었다.

 이번에는 6인 병실로 옮겼다. 자리가 구석이고 막혀 있어 안정감이 있고 좋았다. 한 병실에 입원해 있는 환자들도 심각한 환자들이 많았다. 가장 심각한 건 암과 당뇨병이었다. 그 가운데서도 당뇨병이 힘들어 보였다. 아, 당뇨병이란 게 저렇게 잔인한 병인가 하는 것을 처음으로 목격하는 기회가 되었다. 그것은 사람의 몸을 그야말로 야금야금 망가뜨리면서 끝내는 인간의 마지막 남은 존엄성마저 거두어 가는 질병이었다. 발끝부터 썩기 시작하여 다리 전체가 상하고 눈이 멀고 치아가 빠지고 장기가 상하는 것이 당뇨병이었다. 끝에 가서는 인간의 최소한의 인내심, 자제심 같은 것까지 손상 받아 정신세계마저 황폐화시키는 병이 당뇨병이었다. 그래도 그들은 어느 일정한 기간 입원했다가 퇴원이란 걸 하기도 했다. 오직 퇴원할 기미가 보이지 않는 환자는 나 하나뿐이었다. 퇴원하는 환자들이 부러운 날들이 길게 이어졌다.

그리고 또 부러운 건 무언가 음식을 먹는 일이었다. 무엇보다 물이 마시고 싶었다. 옆자리 침대에 든 환자는 암 환자였다. 다같이 힘겹게 밤을 지새고 새벽이 찾아오고 날이 밝아지면 그 환자는 커다란 컵에 물을 가득 담아 가지고 마시곤 했다. 벌컥벌컥 목젖을 타고 물이 넘어가는 소리가 크게 들려왔다. 그 소리가 그렇게 부러울 수가 없었다. 나도 저렇게 소리를 내면서 한 번만이라도 물을 마셔보았으면 더이상 소원이 없을 듯싶었다. 나중에는 아내가 쪽침상에서 음식을 먹어도 아예 음식 냄새조차 나지 않고 음식 먹고 싶다는 생각이 전혀 나지 않았다. 먹고 마시는 일은 이제 나하고는 상관없는 일이다 싶은 마음이었던 것이다.

가성낭종假性囊腫. C·T 촬영 결과, 췌장 주변으로 물집이 잡히고 그것이 고름처럼 췌장을 에워싸고 있어 사태를 힘들게 한다고 했다. 두 차례나 1층에 있는 수술실로 내려가 가성낭종에 바늘을 넣어 물을 빼내는 시술을 시도해 보았으나 번번이 도중에 중단하고 말았다. 장비나 기술면에서 어렵다는 결론이었다. 나중에 알고 보니 그건 매우 고난도의 기술이 요구되는 것이었고 위험천만한 시술이었는데 그때 차라리 손대지 않고 넘어간 것이 참 잘했다 싶었다. 만약 어거지로 시도했더라면 어떤 일이 일어났을지 아무도 예단하지 못할 일이었기 때문이다.

6인 병실로 옮기고 나서 다시 한 달이 지났을 무렵이다. 담당의사가 찾아와 고민스런 이야기를 털어놓았다. 내과적 치료가 한계에 이르렀다는 것이었다. 그러면 어떻게 하나? 남은 길은 수술밖에 없다는 것이었다. 그런대로 좋아지겠거니 기다리며 기대를 갖고 참고 있었는데 더이상 내과적 치료로는 활로가 없다니 눈앞이 캄캄했다. 나도 그런 생각을 조금씩 해오던 터라서 절망감은 더욱 커졌다. 전에 있던 어떤 환자의 경우, 나처럼 급성췌장염으로 1년 동안 밥을 먹지 못한 채 주사로만 연명하다가 종잇장처럼 말라 목숨이 잦아들었다고 했다. 더럭 겁이 났다. 이제 남은 건 이 병원에서 수술을 받느냐, 병원을 옮겨서 받느냐 그 선택만 남아 있었던 것이다. 몸은 마를 대로 말라갔고 빈혈증상까지 와 혈액을 두 봉지나 수혈하는 지경에 이르기도 했다. (수혈하는 과정에서 나의 혈액형이 지금까지 내가 알고 있던 A형이 아니라 O형이란 것이 새롭게 밝혀지기도 했다. 그러고 보면 내가 산 인생이 얼마나 엉성한, 사상누각과 같은 것이었는지 알만하다 하겠다. 나는 주월비둘기부대 사병으로 전쟁터에도 나갔다가 온 사람이다. 만약에 부상이라도 입어 수혈받는 일이 있었더라면 군번에 새겨진 대로 물어볼 것도 없이 A형 피를 수혈했을 텐데 생각만으로도 아찔한 일이다.)

그래도 나는 병원을 옮기기 전, 담당의사인 김안나 교수를 만나 정말로 병원을 옮겨도 의사로서의 자존심이 상하지 않겠느냐 확인하면서 의견을 나누었다. 김 교수의 연구실로 아내와 같이 찾아가서였다. 그것이 3월 1일부터 위급한 상황에서 나를 구해주고 열성적으로 치료해준 담당의사에게 마지막 예의 같아서였다. 김 교수는 내가 정말로 위급한 상황을 맞아 생명을 포기해야만 될 때 아내를 불러 '환자도 점잖고 보호자들도 마음에 들어 꼭 살리고 싶은 환자였는데 안타깝게 되었다'면서 눈시울을 붉히면서까지 말했다는 의사다. 실상 그 풍전등화 같았던 나를 살려낸 것은 김안나 교수의 공로가 컸다. 아내에게 의료보험에 해당하지 않는 항생제를 써도 좋겠느냐 물어서까지 좋은 약을 아낌없이 사용하여 나를 구하려고 노력했던 의사였다. 김 교수는 괜찮노라 흔쾌히 허락하면서 만약 서울아산병원으로 옮기게 된다면 자기가 소견서를 상세히 써주마 했다. 자기가 이 병원으로 오기 전에 근무한 병원이 바로 서울아산병원이라 아는 의사가 많다는 것이었다.

4시간의 외출

병원을 옮기기로 마음먹고서 마음이 다급해지기 시작했다. 김안나 교수는 서울아산병원을 권했지만 서울아산병원과 삼성의료원 중 어느 병원이 나에게 적합한지에 대해서도 생각해 볼 필요가 있었다. 문제는 그 두 병원이 다같이 쉽게 입원이 안 되는 병원이라는 것이었다. 병원 대 병원으로 환자를 연결해주었으면 좋으련만 그도 뜻대로 되지 않는 것 같았다. 어쨌든 서울에 사는 딸아이와 변호사 일을 하는 사위가 병원과 의사를 수소문해보고 예약해 주기로 했다.

일이 거기까지 진행되고 이제 서울로 병원을 옮기는 것이 기정사실화되고 보니 다시금 자신의 입지를 심각하게 돌아볼 필요가 생겼다. 서울은 대전과는 많이 다르다. 아내도 공주의 집에 자주 오가지 못할 것이다. 서울엔 아는 사람도 그다지 많지 않다. 이번에 서울로 가면 다시는 공주의 집으로 돌아오지 못할지도 모른다는 생각이 절박하게 일었다. 게다가 8월 31일은 내가 교직에서 정년퇴임을 하도록 되어 있는데 학교의 교장실을 그대로 방치한 채로 왔으니 이 또한 문제였다. 내게도 무언가 정리할 수 있는 기회가 있어야만 했다. 만약 내가 서울로 올라가 아주 내려오지 못하는 일이라도 생긴다면 교장실과 집에 있는 몇 가지 물건은 없애는 것이 좋겠다는 생각이 들었다. 물건이래야 별것이 아니다. 책 몇 권에다가 노트 몇 권이다. 그래도 내가 세상에서 사라지게 되면 나의 흔적들을 누군가가 보게 될 텐데 몇 가지는 보여주고 싶지 않은 것들이 나에게도 있었던 것이다.

　간호사실로부터 외출 허가를 받았다. 5월 17일 목요일. 오후 2시 반부터 6시 반까지 4시간. 팔에서 주사바늘을 뽑고 콧줄은 그대로 꽂은 채로. 공주까지 남동생 선주가 자동차를 가지고 와 운전을 맡아주고 아내가 동행해 주었다. 우선 집에 들러 생각해두었던 책 몇 권과 노트 몇 권을 꺼내 보퉁이에 쌌다. 집을 나서기 전 아파트 부엌 구석 싱크대 아래 방바닥에 무릎을 꿇고 앉아 한동안 기도를 드렸다. 다시금 이 집으로 돌아올 수 있게 해달라는 내용으로 기도를 드렸을 것이다. 기도를 마치고 학교로 향하기 전에 농협중앙회 공주시지부 지부장실로 가 김영만 지부장을 만나 통장 정리 몇 가지를 부탁해서 처리했다. 김영만 지부장은 평소 잘 알고 지내는 친지 가운데 한 분이다. 나의 처지를 안쓰럽게 여겨 나를 앉혀 놓고 아래층의 직원을 불러 내가 부탁한 일들을 잘 처리해주었다. 그 친절이 고마웠다. 다시 학교로 가서 교장실 정리는 행정실 직원 세 사람의 도움을 받아서 했다. 작업을 할 때 아내와 남동생은 아래층에 대기시키고 교장실에 들어오지 못하도록 했다. 역시 학교의 일은 내 손으로 처리하고 싶었다. 그것이 내 마지막 남은 초라한 고집이요 자존심이었다.

　미리 전화로 부탁해 준비시킨 종이상자에 교장실에 있는

잡동사니들을 정리하여 꾸러미를 꾸리게 했다. 어떤 것은 따로 모아 태워주기를 부탁하기도 했다. 평소 물건을 늘어놓고 지내는 버릇이 있어 교장실 안의 물건들이 의외로 잡다하고 많았다. 꾸려놓은 상자들을 복도에 쌓아두고 잠시 학교 숙직실 창고에 보관해 달라고 부탁했다. 이제 무슨 일이 생기거나 정년퇴임을 하는 8월 31일까지 내가 공주로 내려오지 못하게 되면 그 짐짝들을 우리 집으로 옮기기만 하면 되는 일이었다. 짐을 쌓아놓고 보니 교장실 안이 휑하니 비어 있었다. 무척 썰렁했다. 꼭 내 마음이 저렇겠거니 생각되니 자꾸만 교장실이 뒤돌아 보아졌다. 사람은 이렇게 들어오는 날이 있으면 나가는 날이 있게 마련이다. 하지만 정해진 날짜보다 훨씬 앞서서 물러나는 심정이 썩 좋지는 않았다. 더욱이 앞날이 어찌 될지 모르게 몸이 아픈 사람의 입장에서는 더욱 그러했다.

병원을 옮기던 날

마치 무단가출하여 서울로 올라가는 시골 청소년들처럼 오래 동안 머물었던 병원을 나와서 서울로 향했다. 5월 25일, 아침 6시에 일어나 나름대로 준비를 했다. 짐을 꾸리는 일은 전날 저녁에 아들아이가 꼼꼼하게 챙겨서 해 두었던 일이다. 깜냥대로 짐이 많았다. 2개월 25일 동안 지내느라 쌓인 짐들이다. 이삿짐처럼 네모진 상자에 담아둔 것이 네다섯 개나 되었다. 나도 양복으로 갈아입고 구두를 신고 따라 나섰다. 퇴원 수속을 마치지 못해 가퇴원하는 걸로 했다. 하루쯤 내 침대는 그냥 비어 있는 채로 남아 있을 것이다. 병실 문을 나서면서 침대를 돌아다보았다. 본래는 내 것이 아니었던 저것. 수없이 많은 환자들이 스쳐갔을 철제침대. 병이 나아서 퇴원하는 길이라면 침대가 그렇게 유감스럽게 눈에 들어오지는 않았을 것이다.

이 병원에서 끝내 완치가 되지 못해 또 다른 병원을 찾아가는 길이다. 그것도 내과적 치료가 벽에 부딪쳐 마지막 방책으로 수술이라도 한번 속시원히 받아보자 떠나는 길이다. 옆자리 환자가 엘리베이터 타는 곳까지 따라와 주었다. 내 나이 또래쯤 되었을까. 키가 헌칠하니 크고 피부 빛깔이 검은 남자, 암 환자라 했다. 우리가 짐을 정리하면서 놓고 갈 수밖에 없는 몇 개의 화분을 자기가 맡아서 기르마 했던 사람이다. 그는 엘리베이터 문이 열렸다 닫힐 때까지 그 자리에 서서 나를 배웅해주었다.
"서울 가 완쾌되기를 빕니다."
"선생님도 좋아지시길 바라겠습니다."
서로 작별의 인사를 나누는 마음이 처연悽然할 수밖에 없었다. 이름도 제대로 기억하지 못하고 어디서 사는 사람인지도 제대로 알지 못하는 사람끼리, 오직 어려운 병을 앓고 있는 환자란 동질성 때문에 우리는 그렇게 안쓰러운 마음 한 가지였던 것이다. 두고두고 그의 이름과 주소를 알아두지 못한 일이 후회스러웠다.

병원 출입문 밖으로 나와 얼마 지나지 않아 자동차가 도착했다. 사설업체에서 운영하는 앰뷸런스. 처음엔 콜밴을 불러 편하게 간다고 했는데 가는 도중이라도 무슨 일이 생길 것에 대비하여 아들아이가 그렇게 결정한 일이었다. 7시 출발. 이른 아침 시간이라 한 시간 15분 정도만 달리면 목적지인 서울아산병원에 도착할 수 있다고 했다. 서울아산병원으로 병원을 굳힌 건 딸아이와 사위의 의견을 십분 받아들여서 그리한 일이었다. 알아본 결과 서울아산병원의 이영주 교수란 의사가 수술을 잘하는 의사라고 했다. 특히, 이 교수는 간이나 췌장 계통의 수술에 있어 국내 일인자라 했다. 병실 문제 또한 1주일 전에 대전의 김상현 시인이 서울로 올라가 딸아이와 만나 둘이서 알아본 결과, 여유가 있다고 해서 그 말만 믿고 떠난 길이었다.

자동차가 빠르게 달려 예정된 시간, 서울아산병원 정문 앞에 우리를 내려주었다. 오는 동안 나는 침대의자에 누워서 편안하게 왔지만 옆으로 몸을 비틀고 보호자 의자에 앉아서 오느라 아내와 아들아이가 고생을 많이 했다. 특히, 아내는 자동차 멀미를 하는 데다가 날씨를 잘못 짚어 가벼운 옷차림으로 오는 바람에 감기까지 걸리고 말았다. 짐을 내리고 병원의 서관 1층에 있는 외과, 이영주 교수 진료실 앞에서 기다렸다. 안내판에 내 이름이 9시 15분에 진찰 받는 걸로 올라와 있었다. 초조하게 기다리고 있는데 딸아이와 사위가 숨을 몰아쉬며 대기실로 들어섰다.

시간이 되어 진찰실 안으로 들어갔다. 딸아이와 사위가 같이 들어가 주었다. 대전의 병원에서 받아 가지고 온 진료일지와 소견서를 의사에게 제출했다. 우리를 맞는 이영주 교수는 첫눈에도 매우 날카롭고 냉정한 사람으로 보였다. 눈초리부터가 가늘고 양쪽 끝이 약간 치켜져 올라가 있어 매서웠다. 김안나 교수가 앞 뒷장 빼곡하게 써준 소견서를 읽어보고 나서 이 교수가 나를 건너다보았다. 그 눈길이 칼날처럼 써늘했다
"벌써 죽었을 사람이 왔군요. 예전 어른들은 이런 병에 많이 걸렸지만 요즘 사람들은 이렇게까지는 되지 않습니다. 수술을 받으시겠다고요? 열어보았자 떡이 되어있을 텐데 열어보나 마나입니다. 건질 것이 없습니다. 그리고…… 이런 환자는 어떤 의사도 맡으려고 하지 않을 겁니다."
하는 말마다 절망적이고 부정적인 말뿐이었다. 의사가 던진 말들은 하나하나 나의 가슴에 비수가 되어 꽂혔다. 가슴이 저려오는 듯 아팠다.

"그럼 입원이라도 하고 싶은데 입원 수속은 어떻게 하나요?"

"아, 그거요? 얼마 전까지만 해도 외래에서 주선해드렸는데 지금은 관여하지 않습니다. 환자 자신이 알아서 할 일입니다."

그뿐이었다. 그것이 의사 면담의 전부요 진찰의 전부였다. 새벽같이 일어나 잔뜩 기대를 걸고 어렵게 어렵게 찾아왔는데 절망적인 말 만 몇 마디 듣고 병실 마련조차 막막하게 되었으니 그야말로 눈앞이 캄캄해지는 일이었다. 정말 이제부터가 큰일이구나 싶었다. 진찰실 문을 밀치고 나오니 아내와 아들아이가 불안한 눈빛으로 바라보고 있었다. 한동안 우리 가족은 그 자리를 떠나지 못하고 멍하니 앉아 있었다. 이제 어쩐다? 병을 고치거나 수술받는 것은 고사하고 입원 절차부터가 절벽이었다.

우리가 세상 물정을 몰라도 너무 몰랐던 것이다. 일단 사위는 직장으로 출근하고 아내와 두 아이와 함께 방책을 찾아보기로 했다. 우선 응급실에라도 들어가 이제까지 맞던 주사라도 맞아야겠지 싶어 응급실을 찾았다. 그러나 그것 또한 애당초부터 오산이었다. 이미 응급실은 복도까지 두 줄로 대기환자들로 가득 차 있었던 것이다. 보조침대며 접의자에 앉아 주사를 맞거나 가족들의 간호를 받고 있었다. 그마저도 차례가 안 가는 환자들은 병원 바닥에 소풍용 비닐 장판을 깔고 앉아 보조침대의 차례가 오기를 기다리고 있었다. 그곳은 마치 전쟁터나 이재민 수용소를 방불케 했다. 가망이 없는 일이었다.

안내실 간호사에게 물었더니 과별로 순번이 다르긴 하지만 그런 식으로 병실 베드를 기다리려면 1주일이 걸릴지 그 이상이 걸릴지 모른다는 대답이었다. 갈수록 일은 어렵게 꼬이고 있었다. 나는 하는 수 없이 아들아이의 핸드폰을 빌려 대전의 손기섭 교수에게 전화를 걸었다. 손기섭 교수는 충남대학교 의과대학장과 부속병원장을 여러 임기 지낸 분이다. 그동안 우리 가족이 아플 때마다 여러 차례 신세를 졌던 분이기도 하다. 나로선 잊지 못할 분이다. 이번에도 어쩌는 수가 없었다. 염치 불구하고 지금 내가 처한 입장을 설명하고 도와주시라는 말을 했다. 손기섭 교수는 알았다고, 병원 쪽에 아는 사람이 있으니 전화를 해보겠다는 말씀을 해주었다.

이렇게 우리 네 식구가 병원 응급실에서 발을 동동 구르며 다급해 할 때 어이없는 일을 당할 뻔하기도 했다. 아들아이 병윤이가 메고 온 큼직한 배낭을 딸아이 민애에게 맡기고 여기저기 뛰어다닐 때였다. 나는 휠체어에 앉아있고 아내는 병실 복도에 있는 의자에 쓰러져 누워있고 딸아이 민애만 제 발밑에 오빠의 가방을 놓고 멍하니 생각에 빠져 있었다고 한다. 그 가방에는 중요한 서류며 증명서, 돈이 들어 있었노라 한다.

그때 병원 복도를 지나가는 젊은 여인의 등에 메인 가방이 매우 낯익다는 느낌이 왔다고 한다. 얼핏 자신의 발밑에 놓아둔 오빠의 가방을 내려다보았다 한다. 그런데 거기 있어야 할 가방이 없더란다! 반사적으로 민애는 앞으로 달려나가 그 여인이 메고 있는 가방을 붙잡았다고 한다. 그러자 여인은 뒤를 돌아보면서 씨익 한번 웃더니 가방을 슬쩍 벗어주고 유유히 사라져 가더란다. 그렇게 황망한 시간에 우리는 또 그렇게 어이없는 날치기를 당할 뻔하기도 했다.

 우리의 사정이 딱해 보였던지 안내실 간호사가 인근에 있는 조그만 병원 하나를 소개해주었다. 우선 그 병원으로라도 가서 1주일 정도 입원해 있으면서 서울아산병원의 입원 수속을 밟노라면 침대가 생길지 모른다는 것이었다. 그 길밖에는 다른 길이 없어 보였다. 병원 이름은 혜민병원. 조금 뒤에 응급실 앞으로 혜민병원의 앰뷸런스가 도착했다. 아들아이는 병원에 남아서 입원 수속을 더 알아보기로 하고 아내와 딸아이가 앰뷸런스에 동승했다. 이게 무슨 꼴이람! 참 사람의 처지가 안됐구나, 그야말로 막다른 골목이구나 싶은 생각이 들었다. 누군가 한 사람 이런 때 도와줄 사람이라도 있었으면 얼마나 좋을까? 문득 나는 김남조 선생을 잠시 떠올려보았다.
 '김 선생님 같으면 병원의 관리자들과도 통할 수 있을 텐데…….'
 그러나 그때 내 수중엔 김 선생 전화번호조차 없었으니 그런 생각은 해보나마나한 것이었다. 사람은 아무 곳에도 기댈 데가 없고 앞길이 막히게 되면 평소 존경하고 따르던 사람을 생각하고 그분의 도움을 청하고 싶어 하는가 싶었다.

 앰뷸런스를 타고 혜민병원 응급실 앞에 내렸다. 딸아이가 응급실 담당의사에게 들고 온 진료일지를 보여주었다. 대충 진료기록을 뒤적여본 담당의사는 서울아산병원의 이영주 교수 비슷한 말을 했다.

"아, 이거 국내에서 구할 수 있는 좋은 항생제, 탑 파이브, 다섯 가지를 모두 써보았군요. 이렇게 되면 가망이 없겠는걸요."

첩첩산중이라더니 가는 데마다 걸리고 듣는 말마다 낯선 소리, 안 좋은 말뿐이었다. 그래도 어쩔 수 있겠는가. 나는 간호사의 지시에 따라 양복을 환자복으로 갈아입고 침대로 올라가고 있었다. 그때였다! 딸아이의 핸드폰이 울렸다. 몇 마디 통화를 한 딸아이가 환한 얼굴로 말했다.

"아빠, 서울아산병원에 입원실이 났대요. 오빠가 지금 당장 서울아산병원으로 돌아오래요."

이건 또 어쩐 조화 속이란 말인가? 우리는 혜민병원의 앰뷸런스를 타고 다시 서울아산병원으로 돌아왔다. 응급실 앞에서 기다리고 있던 아들아이가 입원 환자용 팔찌를 내밀었다. 비닐로 된 파란색 띠에 '35011316'이란 번호가 새겨져 있었다.

"나 참, 오늘 이거 하나 얻으려고 무지무지하게 고생했네."

아들아이가 한숨을 내쉬며 말했다. 그렇게 얻기 어렵다는 입원실을 어떻게 당일에 얻어냈을까? 대충 들어봐도 사연이 길고 복잡했다. 몇 차례 엎치락뒤치락이 있었던 것 같았다.

일단 대전의 손기섭 교수의 전화가 주효했던 것 같았다. 그다음으로 아들아이의 끈질긴 노력과 상냥하고 진정어린 태도와 대화가 효과를 얻어낸 것 같았다. 공무원 생활을 몇 년 하더니 문서적 절차나 행정절차를 잘 알아서 그 틈새를 잘 비집고 들어가 입원실을 얻어낸 것이었다. 대전의 병원에서도 중환자실과 2인 병실에서 아들아이가 나를 살렸는데 또다시 이 아이가 나를 구했구나 싶은 생각이 들었다. 그저 아들아이의 넓은 등판이 한없이 믿음직스럽기만 했다. 조마조마했던 마음이 가라앉으며 차마 눈에서는 눈물조차 나오지 않았다.

그때부터는 일사천리로 입원 수속이 빠르게 진행되었다. 동관 13층의 2인 병실. 처음 아들아이는 1인 병실이라도 좋고 특실이라도 좋으니 어떻게든지 입원실을 마련해달라고 통사정을 했다고 한다. 우리 아버지는 췌장염 환자라서 장기 입원할 수밖에 없는 사람인데 제발 도와달라고 울먹이며 말했다고 한다. 그랬더니 운 좋게도 그 어렵다는 2인 병실의 침대 하나가 허락된 것이었다. 그야말로 아슬아슬한 선에서 신의 손길이 나를 도와주신 것이었다. 병실로 가서 침대에 누웠을 때 나는 혼절하기 일보 직전까지 갔다. 내가 서울의 병원으로 옮긴다는 소식을 듣고 아침 일찍부터 와서 기다리던 둘째누이 내외, 막냇누이, 막내처남도 더이상 도와줄 일이 없어 각기 자기들 집으로 돌아가고 면회 왔던 고등학교 동창 두 사람(구남웅 친우, 김영규 친우)은 병실 앞에서 내 얼굴도 보지 못하고 돌아갔다고 했다.

두 아이들도 각기 자기들 처소로 돌아가고 다시금 아내만 내 옆에 남아 있게 되었다. 번번이 이렇게 마지막까지 남는 사람은 아내 한 사람뿐이었다. 그것은 실로 급박하게 돌아간 하루요, 땀에 절은 하루요, 매우 혼란스럽게 지나간 하루요, 5월인데도 으슬으슬 한기까지 들던 하루였다. 다음날 정신 차려서 보니 내가 든 병실은 한강이 곧바로 내려다보이는 자리에 있는 병실이었다. 그렇게 아내와 나는 서울의 한 병원에서 하룻밤을 맞았던 것이다.

이 대목에서 내가 밝히지 않은 내용이 있다. 아무리 생각해도 나의 입원 절차를 아이들에게만 맡길 수 없어 대전의 손기섭 교수에서 전화를 연락드린 일이 있었다는 걸 앞에서 쓴 바 있다. 그때 내가 단도집입적으로 손 교수에게 말씀드렸다. 내가 이제 죽게 되었으니 마지막으로 교수님께서 한 번 살려주십사고. 그랬더니 당신이 아는 분이 서울아산병원 부원장으로 계시는데 한 번 전화를 드려보겠다고 답했다. 그러면서 그분의 이름을 알려주었다. 한동안 충남대학교에서 교수로 함께 근무한 분이라고도 했다.

다급한 상황이었다. 딸에게 휠체어를 밀라고 하고 나는 병원의 안내에게 부원장실을 물어, 그리고 직행했다. 부원장을 만나기 위해서는 세 차례나 문을 열어야 했고 세 번이나 문을 지키는 이에게 찾아온 사연을 꼬치꼬치 밝혀야 했다. 어렵게 부원장실 문이 열렸다. 몸이 편치 않은 아내까지 따라왔다. 손기섭 교수가 말해준 대로 부원장이란 분은 얼굴빛이 순후한 분이었고 마음이 너그러운 인상이었다, 찾아온 내막을 차분히 들어주었다.

"손기섭 교수님께서 부원장님은 매우 너그럽고 좋은 분이라더니 만나뵈니 과연 그렇군요."

나는 너스레를 치면서 말을 했다. 어떻게든 살아남기 위한 한 방편이었다.

"허허, 그런가요?"

부원장은 정말로 사람 좋은 듯한 얼굴로 나의 말을 받아주고 있었다.

"부원장님. 저는 매우 다급한 환자입니다. 입원만 가능하다면 1인실도 좋습니다."
"아, 그렇습니까? 1인실이라도 들어가시겠다고요?"
"네, 그렇습니다."
그것은 다급한 결단이었고 그만큼 살고 싶어 하는 자의 호소였다.
부원장의 얼굴이 더욱 환해지고 눈빛이 더욱 부드러워지는 느낌이었다.

그랬다. 그것은 내가 그만큼 급박했고 환자 자신이었기에 할 수 있는 말이었고 처신이었다. 아무래도 어린 사람들이고 제삼자이기도 한 아이들로서는 거기까지는 생각이 미치지 않는 일이었다.
"그럼, 부원장님만 믿고 저는 물러가겠습니다."
"네, 그러시지요."
그뿐, 그것이 부원장과의 면담 모두였다. 하지만 병원도 사람이 사는 세상이고 그 운영도 사람이 하는 일이다. 우리가 부원장실을 물러나 응급실에서 허덕이고 있을 때, 부원장이 원무과 쪽으로 전화를 주었을 것이다. 이런이런 딱한 환자가 있으니 한 번 남는 침대를 찾아보라고. 그런 차제에 바로 아들아이가 울고불고 매달리며 입원을 애원했던 것이다. 그 두 개의 마음이 딱 마주쳐서 그 어렵다는 서울아산병원의 당일 입원이 이루어진 것이다. 지금 생각해도 소름이 끼치는 노릇이다.

C라인을 뚫던 밤

2인 병실에 들어와 며칠을 보내도록 한 번도 담당의사가 찾아오지를 않았다. 입원한 다음 날의 저녁 무렵 수술방 간호사가 찾아와 다음날 아침 일찍 수술 일정이 잡힌 걸로 컴퓨터에 정보가 떴으니 준비를 하라고 이르고 갔으나 그 다음날 그것이 오류였다는 것이 밝혀졌다. 아무리 급해도 사전검사나 준비과정 하나도 없이 곧장 어찌 수술로 들어갈 수 있겠냐, 생각했던 참이었다. 1분 1초 초조한 시간이 흘러갔다. 수술을 받는다 해도 겁이 나는 일이고 수술을 안 해준다 해도 불안한 노릇이었다. 그건 참 이럴 수도 저럴 수도 없는 심정, 질곡 그것이었다.

끝내 주치의 이영주 교수는 2인 병실을 찾아주지 않았다. 그 또한 불안한 일이었다. 대신 이 교수가 보낸 레지던트 이정우 닥터만 몇 차례 다녀갔다. 그것도 아주 짧은 시간 바람같이 다녀갔다. 그는 매우 온건하고 상냥해 뵈는 사람으로 상대방의 마음을 안심하도록 만들어주었다. 외과전문의 치고서는 외모부터가 부드러운 사람이었다. 나는 동글고 원만해 보이는 사람을 보면 감자 같다고 말하는데 그 사람이야말로 그런 인물이었다. 그의 처방에 따라 즉각적으로 몇 가지

조치가 취해졌다. 그건 혈당 체크와 영양제 주사 놓기였다. 영양제는 커다란 비닐 주머니에 든 바나나 색깔의 주사였는데 그걸 끊이지 않고 연속적으로 놓아주었다. 항생제 주사를 놓아줄 줄 알았는데 예상이 빗나갔다. 무언가 치료 방법이 다르다 싶은 생각이 들게 하는 대목이었다.

서울아산병원은 간호사들의 수준이 높고 그들의 사명감이 뛰어난 병원이다. 환자의 상태를 철저히 파악하여 거기에 합당한 관리를 아주 타이트하게 했다. 한 치의 오차도 없어 보였다. 하면서도 환자의 심리상태를 세심하게 보살펴주었고 아주 친절하고 부드럽고 인간적으로 대해주었다. 정말로 백의의 천사가 있다면 이런 사람들이 아닐까 싶은 생각이 들 정도였다. 2인 병실은 매우 답답하고 불편한 공간이었다. 입원 당시 6인 병실을 미리 신청했으므로 자연스럽게 6인 병실로 옮겨졌다. 나흘째 되는 날이었다. 동관 13층 34병실. 내가 새롭게 들어간 6인 병실은 동쪽 방향으로 산이 보이고 거리풍경이 보이는 병실이었다. 강물만 보이는 2인 병실보다는 조망眺望이 덜 단조로워 좋았다. 그리고 서울아산병원의 또 하나의 특징은 같은 병실 안에서는 한번 배정받은 침대를 옮기지 못한다는 것이었다. 그건 거의 철칙처럼 지켜지고 있었다. 그렇게 해서 그 6인 병실의 2번 침대가 퇴원할 때까지의 내 침대가 되어 주었다.

6인 병실로 옮겨 처음 맞이한 밤 시간에 이정우 닥터가 나를 찾았다. C라인(중심정맥카테타 삽입의 목적으로 한 Central Line)을 뚫는다(자기들 말로는 '잡는다')는 것이었다. C라인은 수술을 받기 전에 심장 쪽으로 곧장 들어가는 주사 길을 말한다. 세 개의 구멍을 뚫고 거기에 관을 넣고 또 그 관을 통해 필요한 주사액이나 응급 혈액을 공급하도록 하는 조치였다. 이제 정말 수술을 받는가 보구나 싶은 실감이 들었다. 나는 13병동의 간호사실 처치실로 불려갔다. 이정우 닥터는 나더러 어떻게 알고 이영주 교수를 찾아왔느냐 물었다.

"이영주 교수님이 고명高名하시다기에 교수님한테 수술이라도 받아보려고 왔습니다."

조그만 소리로 대답했다.

"그렇습니까? 수술을 해드리는 건 아주 간단한 일입니다. 그냥 배를 열고 상한 췌장을 떼 내고 장기 내부 구석구석을 씻어내기만 하면 되는 일입니다. 그러나 그다음이 문제입니다. 분명 합병증이 올 텐데 그렇게 되면 우리로서도 감당하기 어렵습니다."

이건 또 무슨 이야긴가? 나는 이러자고 할 수도 없고 저러자고 할 수도 없어 잠자코만 있었다. 그건 옆에서 지켜보는 아내도 마찬가지였을 터였다. 이정우 닥터는 다시 입을 열었다.

"여하튼 이 교수님이 C라인을 잡으라 하시니 그렇게 하겠습니다. 그러나 환자분 같은 경우, 췌장염에서 탈출하기가 암을 이기는 것보다 힘들 겁니다."

이정우 닥터는 아무래도 내가 안 됐다는 듯 안쓰럽고 부드러운 눈길로 나를 바라보아 주었다.

"선생님, 그저 선생님만 믿겠습니다. 잘 부탁드립니다."

이정우 닥터는 나의 오른쪽 목 부분에 소독약을 여러 번 바르고 C라인을 뚫는 시술을 해주었다. 능란한 솜씨였다.

별로 고통스럽지도 않았다. 그러나 침대에 반듯이 눕혀져 천장을 바라보며 시술을 당하고 있는 내 처지를 생각하고 또 머지않은 날에 대수술을 받을 것을 생각하니 마음이 참으로 좋지 않았다. 그건 불안하다거나 슬프다거나 고통스럽다거나 하는 단일의 감정이 아닌 복잡미묘한 감정이었다. 굳이 말해 보라면 가슴이 아련하게 쓰리고 미어지는 듯한 그런 감정이라고나 할까. 그래서 그랬던가. 두 눈에 가득 고여 있던 눈물이 눈꼬리를 타고 주루룩 흘러내리는 걸 스스로도 느낄 수 있었다.

그런 나를 아내의 얼굴이 마주 굽어 보아주고 있었다. 나는 아내의 걱정스런 눈길을 피하지 않았다. 위로받고 싶었을 것이다. 나의 눈길이 아내의 눈동자 속으로 깊숙이 빠져 들어가고 있었다. 눈길과 눈길이 휘감기며 엉켰다.
"당신 커다란 두 눈이 마치 어린 송아지의 그것 같아요. 껌벅껌벅 겁먹은 어린 송아지, 죄 없는 어린 송아지의 눈동자 같아요."
아내의 눈동자 속에도 가득 눈물이 고여 있음을 나도 알아볼 수 있었다. 그 눈물 또한 금방이라도 방울이 되어 내 얼굴로 떨어질 것만 같았다. 그렇게 그날도 병원에서의 한 밤이 지향 없이 깊어만 가고 있었다.

    커다란 두 눈
    껌벅껌벅

    겁먹은 송아지
    죄 없는 송아지
    어미 떠난 하늘

구름 바라보고 서 있는 송아지

아직은 풀잎조차
뜯지 못하는 송아지.

— 나태주, 「아내의 말을 받아 적다」 전문

외과에서 내과로

C라인을 뚫은 다음 날 아침 이른 시각, 이영주 교수가 처음으로 병실로 회진을 왔다. 초록색 수술복에 하얀 가운을 걸치고 왔다. 초록색 옷은 수술실에서 일하는 외과의사나 간호사들만 입는 전용복장이다. 환자들은 그 초록색 옷만 보면 지레 겁을 집어먹는다. 긴장을 하게 된다. 초록색은 분명 생명의 색깔인데 병원에서는 때로 그렇게 두려움의 빛깔로 바뀌기도 한다. 이영주 교수는 레지던트 한 사람만 달랑 대동하고 왔다. 단도직입적으로 이영주 교수는 몇 마디 나에 대한 소견을 밝혔다. 그건 전혀 환자 쪽의 입장이나 심정을 헤아리는 것이 아닌 일방통행적인 것이었다. 과연 외과의사다웠다고나 할까.

"환자분은 앉아 있는 시한폭탄과 같습니다. 언제 몸 전체로 세균이 돌아 패혈증이 번질지 모릅니다. 그럴 경우 급하게 수술을 하도록 하겠지만 누구도 자신할 수 없는 상황이 올 수도 있습니다."

이건 또 무슨 해괴한 소리람? '앉아 있는 시한폭탄'이라니? 그 말은 또다시 내 가슴에 비수가 되어 꽂혔다. 며칠 전 외래 진찰실에서 처음 만났을 때에 이어 두 번째의 일이다. 정신이 멍하고 눈앞이 아찔했다. 침대에 앉아 있는 데도 현기증 같은 것이 일려고 했다. 이 교수는 그 뒤로도 몇 마디 더 말을 보탰을 것이다. 그러나 나는 그 뒤의 말들은 들은 기억이 없다. 귀조차 먹먹해져서 그랬을 것이다. 의사의 얼굴을 똑바로 바라볼 수조차 없었다. 용기가 나지 않았다. 다만 의사의 새하얀 가운과 그 안에 입은 초록색 옷을 바라보고 있었을 뿐이었다.

정말로 올 데까지 왔구나 싶은 느낌이 들었다. 내가 왜 이 지경이 되었나. 아무리 생각해보아도 모를 일이었다. 어디엔가 옴짝달싹하지 못하게 갇혀버렸다는 생각만 오락가락했다. 도저히 출구가 있을 것 같지 않았다. 아무도 구해줄 것 같지가 않았다. 그 어디에도 구원의 불빛은 보이지 않았다. 그날 하루를 어떻게 보냈는지 모르겠다. 저녁 무렵에 병실의 전화기로 전화가 걸려왔다. 대전 을지대학병원의 김찬 교수였다. 김찬 교수는 먼저 입원해 있던 병원에서 김안나 교수와 함께 나의 위기상황을 슬기롭게 처리해줬던 고마운 의사다. 서울로 병원을 옮긴 뒤에도 환자의 상황이 궁금하여 전화를 걸었겠지 싶었다.

그런데 그게 아니었다. 서울아산병원의 이영주 교수와 통화한 내용에 대해 알려주려고 한 전화였다. 조금 전 통화를 마쳤다고 했다. 우선 나에 대해 잘 부탁한다는 말을 했다는 것이다. 그건 같은 계통에서 일하는 사람끼리의 의례적인 대화였을 것이다. 김 교수는 이 교수에게 자기의 어린 시절 학교 선생님이란 말도 했을 것이다. 그런 다음에 핵심적인 이야기가 나왔다.

"선생님. 제가 이영주 교수에게 이렇게 말했습니다. 나태주란 환자는 참 어려운 환자인 건 확실한데 만약 그 환자가 이 교수님의 형님이거나 아버지였다면 어떻게 하시겠냐고 좀 외람된 질문을 했습니다."
"그랬더니?"
"그랬더니 이 교수도 참 고민스럽다고 말씀하더군요. 그래서 제가 미안한 일이지만 고민 좀 해주십사, 부탁을 드렸습니다."
"고마워, 김 교수. 이곳에 온 뒤에도 이렇게 걱정해주고 신경써주어서."

다음 날 아침, 이영주 교수가 다시 병실로 회진을 왔다.
"선생님, 어제 오후 을지대학 김찬 교수의 전화를 받았습니다. 선생님은 어떻게 생각할지 모르지만 하루 24시간을 귀중히 알고 쓰십시오. 선생님 같은 분에겐 그 24시간이 지금 매우 중요한 시점에 와 있습니다."
이건 또 무슨 위협이란 말인가! 이영주 교수는 이어서 한마디를 덧붙였다.
"그러나 인간에겐 생명력이란 게 있습니다. 사람마다 그 생명력은 각기 다르게 되어 있습니다. 못이나 바늘 하나 찔려서 생명을 잃는 경우도 있고 팔다리가 부러졌거나 배가 터졌어도 사는 경우가 있습니다. 자신이 갖고 있는 생명력이나 믿어보시기 바랍니다."
그리고는 또 휑하니 병실을 나가버렸다. 이번에도 이쪽의 전후사정이나 심경 같은 건 전혀 살피지 않겠다는 태도였다. 다만 '환자'란 호칭이 '선생님'으로 바뀐 점이 달랐다. 아마도 김찬 교수와의 통화로 내가 학교 선생이란 걸 알았던 모양이다. 그러나 이 교수의 이야기 가운데 뒷부분에 나온 '생명력' 운운하는 대목이 의미심장하게 다가왔다.

오후 시간이었다. 담당의사인 이정우 닥터가 찾아왔다. 혼자가 아니라 13병동 김이영 수간호사와 함께였다.
"환자분의 과科를 바꾸는 문제로 왔습니다. 이영주 교수님과 상의했는데 아무래도 외과에서 내과로 과를 바꾸는 것이 좋을 듯합니다."
"그럼 수술은 안 하나요?"
"예, 안 하는 것도 되고 못하는 것도 됩니다. 외과 치료보다는 내과 치료로 바꾸는 것이 유리할 것 같다는 것이 이 교수님 판단입니다. 잘 생각해보시고 수간호사님을 통해 수속을 밟으시기 바랍니다."
이정우 닥터가 다녀간 뒤 나와 아내는 한동안 혼란에 빠졌다. 수술을 받는 게 유일한 희망이라 해서 이 병원까지 찾아왔는데 수술 한 번 받아보지 못하고 죽게 되었구나 싶은 생각에서였다.

그러나 그건 아니었다. 결과적으로 잘된 일이었고 올바른 선택이었다. 겉으로는 냉정하고 살벌하기까지 했던 이영주 교수가 나름대로 고민 과정을 거쳐 의사로서의 양식과 권위를 걸고 결정한 일이었다. 나아가 그 결정은 점차 나를 좋아지는 길로, 밝은 생명의 길로 안내해 준 계기가 되었다. 사람은 역시 외모나 나타난 부분만 가지고 평가하는 것이 어딘가 위험하고 부족하다는 생각이다. 그날 저녁에 나는 전과轉科 동의서에 사인하고 외과 환자에서 내과 환자로 신분이 바뀌게 되었다.

이성구 교수

 외과에서 내과로 전과하여 나를 받아준 의사는 이성구란 이름의 교수였다. 이성구 교수는 이영주 교수와는 너무나 대조적인 의사였다. 이영주 교수가 외과의사의 전형으로 직선적이었다면 이성구 교수는 또 내과의사의 특성을 가장 잘 지닌 곡선적인 의사였다. 독실한 가톨릭 신자이기도 한 이성구 교수는 우선 심성이 선량하고 친절한 분이었다. 특히, 그 눈빛이 맑고 그윽하기 이를 데 없었다. 커다란 눈이 안경알 너머에서 껌벅거린다. 그 눈으로 환자의 눈을 찬찬히 그리고 조심스럽게 바라보아 준다. 그 눈빛만으로도 환자는 우선적으로 안도감을 갖게 된다.

 실상 병원에서 환자들은 모두가 약자들이고 겁먹은 사람들이다. 잘못한 일도 없으면서 잘못한 사람인 것 같고 괜시리 피해자인 것만 같고 또 죄인인 것만 같은 사람들이다. 그런 환자들에게 의사나 간호사의 태도나 대우는 매우 큰 영향을 미치도록 되어 있다. 나같이 정서적인 경향인 인간에겐 더더욱 그러하다. 이성구 교수처럼 조용하고 내면적이면서 사려 깊은 의사를 아직 만나 본 적이 없다. 병원 세계에서 뿐 아니라 일반 사회에서도 그건 그러하다. 이성구 교수는 조용함과 부드러움을 넘어서 명상적이기까지 한 의사였다. 이런 의사를 내가 주치의로 만난 것은 그야말로 행운에 해당되는 일일 것이다. 그러고 보면 처음 외과에서 만났던 이영주 교수한테도 감사하는 마음을 가져야 할 것 같은 생각이 든다. 이런 의사를 만나게 해주었으니까 말이다.

이성구 교수는 회진도 결번이 없었다. 시간이 좀 들쑥날쑥이라 기다리는 일이 좀 신경 쓰여서 그렇지 하루에 한 차례는 꼭 찾아와 환자를 살피고 갔다. 어떤 날은 오후 시간에도 찾아주었다. 찾아와서는 일단 나를 침대에 눕히고 이곳저곳 배를 눌러보거나 청진기를 대본다. 그리고는 담당 레지던트에게 여러 가지 검사내용을 점검하고 간단한 지시를 내리고 간다. 진찰 기간 할 말이 있으면 꼭 환자의 눈을 들여다보며 이야기해준다. 그 음성이 얼마나 조심스럽고 자그마한지 옆에서 대기하고 있는 아내의 귀에조차 들리지 않을 정도였다. 진찰이 끝나고 나서는 환자의 무릎이나 어깨를 한번 가볍게 쓸어주면서 짤막한 말로 위로를 해준다.

"됐습니다. 잘 지내세요."

아주 짧고 간결한 말이다. 그렇지만 그런 말들은 환자의 마음을 부드럽게 쓰다듬어주고 편안하게 해주는 효과를 발휘하곤 한다.

더욱 감사한 것은 이성구 교수가 의사 중심이 아니라 환자 중심으로 진료를 한다는 것이었다. 그리고 환자의 자생력自生力을 북돋아주는 방향으로 치료를 해준다는 것이었다. 콧줄로 유동식을 주입할 때에도 환자의 의견이나 몸 상태를 충분히 들어보는 동시, 자주 영양사를 보내어 상황을 살피게 했다. 먼저 입원했던 병원에서는 유동식을 주입할 때 1시간 남짓이었는데 이 병원에서는 4시간 정도 시간이 걸렸다. 하루 세 번이니까 12시간을 유동식을 넣는데 소비했다. 어떤 날은 오전 8시부터 시작하여 밤 11시 가까운 시각에 끝날 때도 있었다. 동시에 오른쪽 목 부분에 뚫었던 C라인을 제거하고 오른쪽 팔에 PICC 라인(말초삽입 중심정맥관), 심장 가까이까지 들어가는 주사 줄을 주입하여 영양제를 지속적으로 놓아주었다. 그리고 왼쪽 팔에는 일반 주사나 항생제를 놓아주었다. 이렇게 되고 보니 나는 주사를 세 개나 달고 사는 사람이 되었다. 얼마나 불편하고 고통스러운지 몰랐다. 유동식을 주입하는 일은 간호사들이 하도록 되어 있었으나 아내가 그럴 수 없는 일이라 여겨 자기가 자임自任하고 나섰으므로 아내의 고달픔 또한 대단한 것이었다. 그러나 조금씩 내려갔던 체중이 올라오고 몸의 상태가 호전되기 시작했다. 그야말로 그것은 새로운 치료법의 효과였다.

서울아산병원으로 옮겨온 지 보름쯤 지났을 때 이성구 교수는 나에게 음식을 입으로 먹는 일을 시도해 보자고 제안했다. 그러나 내가 주저하는 눈치를 보이자 하루 이틀 계획을 미루었다 해보자고 했다. 불안해하는 환자의 심리상태를 십분 받아들인 처사였다 할 것이다. 드디어 물을 마시는 과정을 거쳐 미음을 먹고, 다음에 죽을 먹게 되었다. 그때까지도 나는 콧줄을 단 채 숟가락에 음식을 떠서 입에 가져다 넣곤 했다. 그럴 때마다 음식을 담은 숟가락이 콧줄에 턱턱 걸리곤 했다. 그래서 음식을 먹을 때마다 한 손으로 콧줄을 들어 올려야만 했다. 그렇게 1주일이 흘러갔다. 이제는 유동식을 주입하는 콧줄이 필요 없게 되었다. 그러나 나는 콧줄을 빼내는 것을 주저하고 있었다. 먼젓번 병원에서 두 번씩이나 식사를 시도하다가 열이 나고 배가 아파 실패한 경험 때문에 그랬을 것이다. 나의 이런 망설임에 이성구 교수는 선선히 동조해주었다. 그러다가 어느 날 아침 회진 시간에 직접 자신의 손으로 콧줄을 제거해 주었다.

"이젠 더 이상 놓아두지 말고 빼도록 하지요. 알아보니 우리 병원엔 이것보다 더 발전한 도구가 있다고 합니다. 필요하게 되면 다시 시술하도록 하지요."

서울아산병원은 3차 진료기관이라 한 환자가 무작정 입원할 수 있는 병원이 아니다. 수술환자일 경우, 위암 수술은 사전 사후 검사와 수술, 사후 처리까지 합쳐 10일 정도, 간암 수술일 경우 보름 정도였다. 그러나 나의 경우는 언제 완치된다는 보장이나 예정이 없었다. 옮긴 병원에서도 장장 2개월 27일을 보냈다. 그러니까 3개월 가까운 기간이었다. 한 환자가 입원할 수 있는 날짜의 한계를 훌쩍 넘기고 있었던 것이다. 그러던 어느 날의 회진 시간이었다. 마침 13병동의 수간호사가 이성구 교수의 회진에 동참해 있었다. 진찰을 마치고 돌아섰던 이 교수가 다시 내 쪽으로 돌아섰다. 그러더니 병실 밖으로 나가려는 수간호사를 불렀다.

"수간호사님, 이 환자분 입원 기간 문제인데요, 간호사실에서 말이 좀 있지요?"

그건 나한테 알아들으라고 하는 말 같았다.

"네, 실은 그렇습니다."

수간호사가 조심스레 말을 받았다.

"그런데요, 수간호사님. 이 환자분이 많이 불안해하니까 잠시 더 두고 보기로 하지요."

그건 또 수간호사에게 알아들으라고 하는 말 같았다. 병실 사정이 복잡하더라도 환자의 치료나 편의를 위해 배려해주자는 담당의사의 처방이자 제안이기도 했다. 이렇게 해서 같은 자리에서 이성구 교수는 양쪽의 불안과 불만을 한꺼번에 잠재워 해결해주었던 것이다.

이성구 교수가 그런 분이다. 인술도 훌륭하거니와 인품도 좋고 더 나아가 영혼이 맑고 투명한 그런 의사였다. 회진을 마치고 이 교수가 돌아갈 때면 나는 누웠던 자리에서 벌떡 일어나 이 교수의 뒷모습을 향해 앉은 채로 깊이 허리를 굽혀 인사를 드리곤 했다. 그건 받는 사람이 받든지 말든지 내 쪽에서 드릴 수 있는 최선의 경의의 표시였다. 그럴 때마다 이성구 교수는 반절쯤 몸을 돌리고 몸을 약간 굽혀 내 인사를 받아주곤 했다. 그렇게 이 교수는 섬세한 성품의 인물이었던 것이다. 내가 끝내 병고의 사슬을 끊고 병원에서 나올 수 있었던 것은 이러한 이성구 교수의 전폭적인 지지와 심정적인 배려와 탁월한 인간적 치료방법의 덕택이다. 물론 거기에 가족들의 헌신적인 간호가 있었고 눈에 보이지 않는 신의 보살핌과 은혜가 있었음은 물론이겠다. 그런 의미에서 나는 불운의 처지에서까지 행운의 인간이었다 할 것이다.

울면서 보낸 날들

　서울아산병원으로 와 외과에서 내과로 옮기고 그 과정에서 심각한 말을 많이 듣고 수술도 안 된다 해서 이제는 정말로 죽는 게 아닌가 하는 생각이 들기 시작했다. 낮시간은 그렁저렁 보낸다 해도 밤시간은 너무나 지루하고 겁이 나고 길었다. 잠이 오지 않았다. 아니, 잠을 이룰 수가 없었다. 병실에서 소리 내어 기도하는 건 다른 환자들에게 피해가 되기도 하고 싫어하기도 하니까 아내와 나는 병원의 구석진 곳을 찾아다니며 숨어 들어가 기도를 드렸다. 병원엔 우리가 만만하게 찾아가 기도드릴만한 은밀한 공간이 많지 않았다. 복도 끝 환풍기가 있는 곳, 안 쓰는 엘리베이터 부근이거나 화장실 앞이나 비워놓은 사무실 앞 같은 곳을 찾아내어 그리로 가 무릎을 꿇곤 했다.

　밤마다 그렇게 했다. 오직 그 길밖에는 없었다. 딴 방법이 없었다. 이제는 내 편에서 아내에게 기도를 청하기도 했고 나 자신 소리 내어 기도를 하기도 했다. 기도를 드릴 때마다 울음이 솟아 나왔다. 가슴 깊은 데서부터 우러나오는 울음이었다. 번번이 얼굴은 콧물 눈물로 범벅이 되곤 했다. 병원 13층에서 내려다보면 서울의 야경이 아름답게 보였다. 한강에 거꾸로 비친 불빛이며 올림픽대교의 불꽃 탑이 너무도 아름다워서 더욱 서러운 심정이었다.

침대에 누워서도 많은 생각들이 오고 갔다. 그건 생각이라기보다는 후회와 반성 일색이었다. 생각해보니 참으로 잘못한 일, 잘못 산 일들이 너무 많았다. 개인생활, 가정생활, 직장이나 사회생활을 통틀어 별로 잘한 일이 없었다. 우선 가족들에게 잘해주지를 못한 점이 후회스러웠다. 딸아이에게는 그런 대로 괜찮았다. 학교도 좋은 학교를 나왔고 결혼해 좋은 남편 만나 잘 살고 있기 때문에 그래도 덜 걸리는 마음이었다. 그러나 아내와 아들아이한테는 많이 미안한 마음이었다. 신경질을 많이 보여주었던 일, 폭언이나 폭행했던 일, 모질게 대한 일, 돈이 없어 고생시킨 일, 술을 많이 마시고 집에 돌아와 심하게 주정을 했던 일들이 새록새록 떠올라 괴로웠다. 그래도 이제는 아무런 일도 다시는 고쳐 할 수도 없고 과거로 돌아갈 수 없기에 더욱 괴로웠다.

생각해보면 나는 참 오만하고 아집이 강한 인간이었다. 이기적인 성향의 사람이었다. 실속 없이 이 여자 저 여자 오랜 세월을 두고 좋아하고 집적거리며 따라다닌 일도 후회막급이었다. 그 여자들 지금은 어디에 있는가? 나에게 무슨 의미를 주고 있는가? 정신적인 것도 간음이라는데 그런 것도 많이 반성되었다. 더러는 본의 아닌 일로 남의 돈을 갚지 않은 일, 좋게 말해서 갚지 않은 것이지 떼먹은 일도 낱낱이 생각이 떠올라 괴로웠다. 고등학교 다닐 때, 공주시내 봉황서림 주인에게 차비를 빌리고 안 갚은 일, 월남에서 귀국할 때 전우 이충배에게서 백 달러를 빌리고 안 갚은 일, 청주식당 여자 주인에게 음식 외상값 만 오천 원을 주지 못한 일, 문광사

서점 주인이 부도가 나서 야반도주함으로써 자동적으로 수월찮은 액수의 책값을 떼먹은 일 등등. 더러는 본의가 아니었다 하더라도 잘못한 일은 잘못한 일이었다.

결단코 갚으리라. 병원을 나가기만 한다면 무슨 수를 쓰더라도 갚으리라. 할 수만 있다면 내 머릿속, 내 가슴속, 몸속 구석구석에 숨어 있는 죄악의 찌꺼기들을 남김없이 토악질해내고 싶었다. 그런 다음 죽더라도 깨끗한 몸과 맘으로 죽고 싶었다. 그런 마당에 내가 할 수 있는 일은 기도밖에 없었다. 기도라 해도 울면서 울면서 드리는 기도였다.
"주님이시여. 나의 아버지 하나님이시여. 저는 지금 막다른 골목의 담벼락 앞에 서 있고 벼랑 끝에 서 있습니다. 주님께서 밀어내시면 떨어질 수밖에 없고 죽을 수밖에 없습니다. 주님이시여, 아바, 아바, 아버지시여. 부디 저를 버리지 마시고 밀어내지 마시고 구하여 주옵소서. 주님의 선하고 바르고 아름답고 힘있는 오른팔로 저를 붙잡아 주옵소서. 선택해주옵소서. 부디 버리지 말고 선택해주옵소서."
한 번도 주의 깊게 생각해보지 않았던 '선택'이란 용어가 저절로 마음속에서 떠올랐다. 또 이런 기도를 드리기도 했다. 그것은 나 자신의 희망 사항이고 다짐이기도 했다.
"하나님, 저를 선택해주기만 하신다면 이렇게 살겠나이다. 첫째, 신자로서 하나님 보시기에 아름다운 신실한 사람으로 살겠나이다. 둘째, 가족들을 위해서 가족들 옆에서 아내와 아들아이와 딸아이의 좋은 보호자로 살기를 소망합니다. 셋째, 이제부터는 조그만 노인이 되어 자신의 생애를 완성하는 사람이 되고 싶습니다."

어느 날 아내가 나에게 물었다.
"여보, 그렇게 살고 싶어요?"
"그래, 살고 싶어."
"정말로 살고 싶어요?"
"정말 살고 싶어."
"얼마나 살고 싶어요?"
"팔뚝 하나를 잘라내더라도 살고 싶어."
"그럼 그 남은 팔뚝으로 무얼 할 건데요?"
"응, 우리 교회에 나가 청소를 하고 싶어."

아내는 내가 마지막으로 한 말인 교회에 나가 청소를 하고 싶다는 건 지금이니까 그렇지 나의 성격이나 인간 됨됨이 취향으로 보아 실천 불가능한 일이니 함부로 발설하지 말라고 다짐을 두었다. 아내가 나중에 이 때의 일을 이렇게 말해 주기도 했다.

"을지병원에서까지만 해도 깨어지고 녹아지고 부서지지 않았어요. 인간적인 오만과 고집스러움이 그대로 남아 있었어요. 여전히 단단하다는 느낌이었어요. 그런데 서울아산병원에 와서는 모든 걸 놓고 오직 자기 생명줄 하나만 붙잡고 있는 것 같았어요."

'기도가 쌓일 만큼 쌓여야 그 바라는 바가 이루어진다'는 말이 있다는데 과연 그런가 싶었다. 간절한 마음, 매달리는 마음으로 아주 많이 기도를 드리며 조금씩 무언가 달라지는 것을 느꼈다. 한 번인가는 이런 일도 있었다. 양팔에 주사바늘을 꽂고 콧줄로 유동식을 주입하고 있을 무렵이었다. 아내도 고단했던지 일찌감치 간병인용 보조침대에 누워 잠을 자고 있었다. 한동안 배가 아픈 듯하더니 아래로 무언가 흘러내리는 듯한 기미가 있었다. 대변이라 해도 액체로 찌르르 나오던 때였다. 점점 급해졌다. 그러다간 침대에 앉은 채 볼일을 보아야 할 지경이었다. 아내를 흔들어 깨웠다. 아내는 쉽게 일어나지 않았다. 서둘러 침대에서 내려와 화장실로 갈 준비를 했다. 우선 두 개의 링거용 폴대와 연결된 전기 코드를 뽑았다.

그런 다음, 한 손에 하나씩 폴대를 몰면서 화장실 쪽으로 나아갔다. 아내는 잠결에서 헤어나지를 못해 사태를 제대로 파악하지 못하고 있었다. 그런데 이게 어쩐 일인가? 벌써 아래쪽으로 배설물이 흘러나오고 있었다. 나는 급한 김에 다리를 오그리고 한 손으로 환의 바지를 끌어다 막았다. 그러느라 다리를 오그리고 걷는 걸음이 오리걸음이 되었다. 꽈당! 그건 순간에 일어난 일이었다. 전혀 예상치 못한 사건이었다. 얼결에 왼손으로 병실 바닥을 짚었다. 그러나 이미 나동그라진 뒤였다. 아내가 급히 다가와 일으켜주었다. 머릿속이 한 바퀴 팽, 돌면서 이거 큰일이 나도 크게 났구나 싶은 생각이 들었다. 여기서 뼈라도 하나 부러지거나 으스러지게 된다면 어찌할 것인가. 그러나 아내가 일으켜주었을 때, 내 몸에는 아무런 이상도 없었다. 다만 왼쪽 팔목에 조그만 피멍이 들고 오른쪽 PICC 라인 주사 바늘 자리에 충격이 가해져 피가 조금 밖으로 새어 나온 것뿐이었다. 오! 하나님.

병을 얻기 전 주위에서는 나더러 성공한 인생을 산 사람이라는 말을 많이 했다. 직장의 일로나 문단의 일로나 가정의 일로나 그만하면 만족할 만한 수준이다 싶은 의견이었다. 그러나 병원에 납작 엎드려 생각해보니 그게 아니었다. 나의 인생이야말로 완전히 실패한 인생이었다. 인생의 성공과 실패는 자기 자신이 인식하는 것과 타인이 바라보아 주는 것에 많은 차이가 있을 수 있다는 것을 알게 되었다. 자기의 영혼 하나 제대로 건지지 못한 인간, 게다가 언제 생명의 불꽃이 꺼질지 모르는 인간, 이런 인간의 인생이 어찌 성공한 것이란 말인가?

병실로 유재영 시인과 윤효 시인이 병문안 왔을 때 유재영 시인은 수척해진 나의 몰골을 바라보다가 팔을 한 번 걷어 올려보라는 주문을 했다. 오른쪽 팔의 환의를 걷어 올렸다. 나는 팔뚝이 굵지 않은 사람이다. 오랜 기간 음식을 넘기지 못했으므로 나의 팔뚝은 가느다란 나무막대처럼 되어 있었다. 유재영 시인이 말했다.
"그럼, 그럼. 조선 선비의 팔뚝이 저런 팔뚝이야."
그 말을 듣자 나는 울컥하는 마음이 들었다. 나는 옆에 있는 윤효 시인을 보면서 말했다.
"윤 선생, 인생은 실패야. 누구의 인생이든 실패로 끝나게 되어 있어. 정주영도 결국 죽었으니까 실패한 인생이야."
나는 엉뚱하게도 서울아산병원의 설립자인 정주영 회장의 이름까지 들먹이며 '실패한 인생'에 대해서 강조해서 말하고 있었다. 아마도 자신의 실패한 인생을 그렇게 핑계대고 비교함으로써 위로받고 싶었는지도 모를 일이겠다.

병실에서 아내와 내가 많이 부른 찬송가가 있었다. 그것은 '세상에서 방황할 때'로 시작되는 「주여 이 죄인이」란 복음 찬송가였다. 가사를 제대로 알지 못해 같은 교회 신도인 유계자 씨에게 전화를 걸어 가사를 불러 달라 해서 적은 노래이다. 가사 내용이 은혜로워 부르면서 많은 위로를 받았다. 특히, 나에겐 2절의 내용이 가슴에 와 닿았다. 나의 처지와 너무도 닮았다는 생각에서 그랬다. 그 찬송가를 부를 때는 미처 4절까지를 다 부르지 못할 때가 많았다. 번번이 울음이 나와서 그랬다. 얼마나 많은 시간을 울면서 지냈는지 모른다. 얼마나 많은 눈물을 흘렸는지 모른다. 링거 줄을 통해 들어간 수분의 대부분이 땀과 눈물로 흘러나오지 않았을까 싶을 정도였으니까 말이다.

> 많은 사람 찾아와서 나의 친구 되어도
> 병든 몸과 상한 마음 위로받지 못했다오
> 예수여 이 죄인을 불쌍히 여겨주옵소서
> 의지할 곳 없는 이 몸 위로받기 원합니다
> ― 안철호 작사, 복음성가, 「주여 이 죄인이」 2절

나는 오늘 산을 그렸다
― 병실에서 쓴 유일한 산문

병상에 누운 지 넉 달째. 처음 입원했던 대전의 병원에서 서울의 한 병원으로 옮겼다. 2차 진료기관에서 3차 진료기관으로 옮긴 것이다. 많이 늦은 느낌은 있지만 그래도 늦은 때가 빠른 때란 말을 믿고 저지른 일이었다. 서울 와 처음에 든 병실은 강물이 내려다보이는 방이었다. 한강. 서울의 강이며 우리의 강. 민족의 한과 기쁨과 역사를 가슴에 안고 침묵으로 흐르는 강. 사흘 밤낮을 꼬박 내려다본 한강은 크고도 넓고도 넉넉했다. 지금껏 보아온 어떠한 강물보다 너그러운 강물이었다. 맑고도 푸르고 융융한 흐름을 지닌 강물은 푸근한 모성의 품을 연상케 했다.

강물은 우리에게 흐르는 마음을 준다. 출렁이는 마음, 설레는 마음도 준다. 하지만 지금의 나에게는 안정된 마음이 절실하게 필요하다. 고요롭고 그윽하고 평화로운 마음이 요구된다. 나처럼 감성적이다 못해 격정이기까지 한 사람은 듣고 보는 모든 것들의 영향을 쉽게 받기 때문에 더더욱 그러하다. 강물이 보이는 병실에서 옮겨진 병실은 다행히 동쪽 방향에다가 산줄기가 건너다보이는 방이었다. 아파트 수풀 너머로 보이는 산줄기는 그 선이 그럴 수 없이 아름다웠다. 어떤 것은 기와지붕 모양으로 보였고 어떤 것은 초가지붕 모양이기도 했다. 아침마다 산봉우리들은 해를 등에 지고 내게로 다가오곤 했다. 날씨가 맑은 날이면 더욱 아름다운 자태를 자랑하곤 했다. 날마다 아침마다 나는 산을 바라보는 것이 하나의 일과가 되다시피 했고, 또 산을 바라보는 일은 나에게 커다란 위안을 안겨주었다.

저 산을 한번 그려보면 어떨까? 여러 날을 마음속으로만 망설이다가 어느 날 끝내는 연필을 들었다. 양쪽 팔뚝에 링거 줄이 꽂혀 있지만 연필을 꼬나잡은 손가락에 힘이 솟았다. 아름다운 산의 능선만 보면 가만히 있지 못하던 내가 아니던가……. 절로 마음이 뜨거워지고 미치던 내가 아니던가……. 울멍울멍 이어진 산의 능선을 눈빛으로 붙잡아다가 천천히 종이 위에 고정시켜 나갔다.

아, 다 그렸다! 가슴속으로 쩌르르 쾌재가 왔다. 대학노트 크기 한 장일 뿐이지만 연필로 바탕 그림을 그리고 그 위에 붓펜으로 덧칠을 하다 보니 제법 많은 시간이 흘렀다. 근경으로 아파트 마을을 그리고 중경으로 야산을 넣고 그 위에 물결쳐 간 먼 산줄기를 그렸다. 그림을 다 그리고 나니 저녁의 지는 햇빛이 산의 능선을 비추고 있었다. 산줄기는 그 능선만 있는 것이 아니라 봉우리로부터 아래쪽으로 내려 쏟치는 골짜기의 선도 있었다. 거기에는 짙고 엷은 색깔의 음영까지가 있어서 더욱 산을 신비롭게 보이도록 했다. 아, 그렇구나. 지는 햇빛 아래서 바라볼 때 산의 진짜 모습, 그 진가가 나타나는 거구나. 다음번에 산을 그릴 때는 이런 것들도 충분히 참고해야지. 그것은 나에게 하나의 조그만 발견이었고 조용한 기쁨이었다.

　병상에 누워있는 사람이 무슨 그림을 그리고 산의 이야기를 들먹이느냐고 핀잔을 하는 사람이 있을지 모른다. 하지만 나는 오늘 산을 그리므로 마음속으로 그 누구도 짐작하지 못할 은밀한 정신의 희열을 맛본다. 마음의 힘을 느낀다. 좋아지겠지. 내일은 오늘보다 더욱 좋아질 거야. 그럼, 그렇구 말구. 믿어야지. 분명 그럴 거야. 내가 종이 속에 그려 넣은 산봉우리들은 나이 많고 지혜로운 노인처럼 나를 향해 고개를 끄덕거려 주는 것만 같다.

　아, 오늘은 산을 그린 날. 기쁘다. 고맙다. 나는 오늘도 이렇게 살아서 숨 쉬고 있는 한 사람이구나! 이 얼마나 감사한 일일까 보냐.

* 이 글은 손소희 기자의 청탁으로 〈산사랑〉 2007년 여름호에 발표한 글이다.

새로운 미각

말이니 그러하지 105일 만의 일이다. 105일 동안 입으로 아무것도 먹지 못하고 살았다. 계속되는 형벌의 날들이었다. 오히려 먹는 것은 없고 땀과 눈물만 흘리며 견딘 날들이었다. 땀이라도 그냥 땀이 아니다. 진땀이었다. 온몸을 적시며 는개처럼 흘러내리는 땀이었다.

무엇보다 먼저 먹고 싶었던 것은 물이었다. 물을 시원스럽게 한 컵 마시는 것이 소원이었다. 그러나 나는 결코 그럴 수 없는 처지에 놓여 있었다. 하도 오랫동안 목구멍과 식도와 위장을 사용하지 않아서 물 마시는 일조차 함부로 할 수 없는 처지였다. 6월 9일. 물을 먹어보는 것이 좋겠다는 이성구 교수의 권고가 있었다. 아내가 지하층 마트에서 사다가 컵에 따라준 식수를 숟가락으로 떠서 입으로 가져갔다. 두려운 생각이 들었다. 이러다가 또 탈이 나고 열이라도 나면 어쩌나? 영양사가 찾아와 물을 베어 먹고 씹어서 먹으라고 일러주었다. 물을 베어 먹고 씹어서 먹으라고? 나는 숟가락으로 떠 올린 물을 입술로 조금씩 베어다가 여러 차례 씹은 다음 목구멍으로 넘겼다. 그렇게 하기를 5일 동안 계속했다. 그 때 나는 비로소 물도 베어 먹어야 하고 씹어서 먹어야 한다는 것을 알게 되었다.

　6월 14일의 아침 식사시간, 미음 한 그릇이 간장과 함께 나에게 제공되었다. 그것은 아주 맑은 미음이었다. 바닥이 들여다보일 정도로 농도가 약한 음식이었다. 역시 조금씩 떠다가 여러 번 씹은 다음 목구멍으로 조심스럽게 넘겼다. 맑은 미음 먹기 이틀, 짙은 미음 먹기 또 이틀. 그런 뒤로는 죽이 나왔다. 다시 죽 먹기 3일. 1주일을 보내고 밥이 나왔다. 나는 밥의 양이 적은 사람이라 반 그릇도 먹지를 못하고 남기곤 했다. 담당 레지던트는 밥의 양을 늘리라고 말했지만 쉽게 늘려지지 않았다. 그렇게 밥을 식도로 넘기는 일이 다행스러웠고 밥을 먹고 나서도 예전에 그랬던 것처럼 열이 나지 않고 배가 아프지 않은 것이 고마울 수가 없었다.

　음식을 먹기 시작하고 입맛이 당겨지면서 내가 가장 많이 찾은 것은 채소 종류와 과일 종류였다. 푸른 잎 무김치와 오이소박이, 과일 종류라도 토마토가 좋다 하여 방울토마토를 아주 많이 먹었다. 한동안 그렇게 채소와 과일을 먹다 혈액검사에서 지적 받은 적도 있다. 그런 음식 속에 들어 있는 전해질 가운데 하나인 칼륨(포타슘) 성분이 몸속에 과다하게 축적되었다는 것이었다. 칼륨은 미네랄의 일종으로 사람의 몸에 필요한 것이요 이로운 것이지만 적정치를 넘으면 심장마비를 일으키는 원인이 될 수도 있다고 했다. 갑작스레 혈액을 다시 채취하고 새로운 약 처방이 내려지는 등 법석이 있었다. 카리메트. 물에 타서 마시는 과립顆粒인데 그건 칼륨저하제低下劑였다. 서울아산병원은 환자에게 무슨 변화가 생기면 호들갑스러울 정도로 급히 서둘고 대처하는 것이 특별한 점이요 또 장점이었다.

 오랜 금식에서 풀려나 음식을 먹으면서 나의 입맛이 예전하고 많이 달라졌다는 것을 알게 되었다. 그건 나의 혀가 단맛, 즉 당분을 거부한다는 것이었다. 병원 음식 가운데 설탕이 가미된 반찬 종류가 꽤나 있었다. 그렇게 설탕이 첨가된 음식을 입에서 거부한다는 것이었다. 누구보다도 단 음식을 좋아했던 나였다. 그런데 단 음식을 거부하다니, 이 또한 놀라운 변화라면 놀라운 변화였다. 아무리 먹어보려 해도 느끼한 맛이 입맛에 당기지 않았다. 이런 이야기를 듣더니 아들아이가 말했다. 좀 색다른 의견이긴 하지만 그렇겠구나 싶기도 했다.

 "아버지 혀가 그동안 포맷이 되어서 그럴 거예요. 컴퓨터의 소프트웨어를 포맷하는 것같이 말이에요. 지금까지 적응되어 있던 미각, 쌓였던 미각들을 금식하는 동안 밭갈이하듯 다 지워버려서 그럴 거예요. 그래서 아버지의 혀가 처음 태어났을 때의 어린 아기의 미각으로 돌아간 것일 거예요."

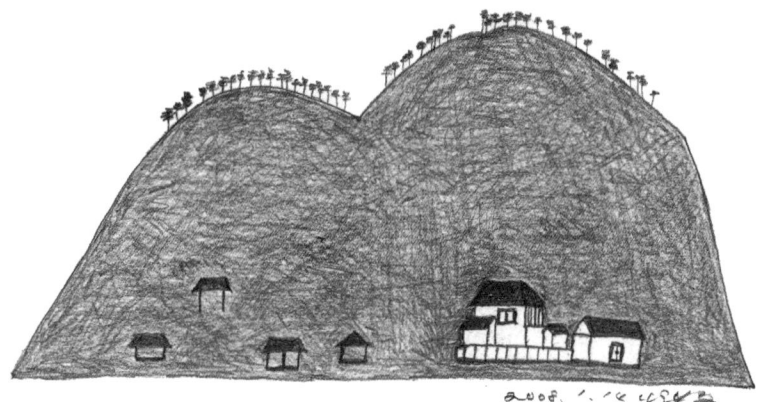

수녀와 가수

1. 김정식 가수

 6월 중순부터 식사를 하기 시작하면서 조금씩 몸의 상태가 좋아지고는 있었으나 병원 생활이 오래 지속되다 보니 여러 모로 힘든 점이 많았다. 그 가운데서도 아내의 건강이 점점 무너지고 있는 점은 참으로 불안한 일이었다. 나로선 유일하게 기댈 마지막 언덕인데 그녀의 건강이 바닥이 나고 있는 것이었다. 그도 무리는 아니었을 터. 내처 다섯 달 가까이 계속된 간병인 노릇이었다. 감기, 몸살, 변비, 운동부족, 소화불량, 체중 증가……. 거기다가 불안 초조감에다가 조울증까지 겹쳐 환자인 내가 보기에도 아내는 위태로운 상태였다. 그러면서도 쉽게 병실을 떠나려 하지 않는 아내를 달래어 공주에 있는 집에 내려가 한 차례, 서울 딸네 집에 두 차례 가서 지내다가 돌아오도록 했다. 어떻게 하든지 내가 빨리 병이 나아서 퇴원하는 길만이 완전한 문제 해결인데 그것이 제대로 안 되어 답답하던 날들이 계속되고 있던 어느 날이었다.

 병실 전화기로 전화 한 통이 걸려왔다. 아내가 전화를 받았다. 전화의 주인공은 김정식 씨. 김정식 씨는 지난해 여름, 공주에서 처음으로 만난 적이 있는 분인데 오래전 대학생 창작가요제에서 금상으로 입상한 가수였다. 이해인 수녀가 공주로 강의를 하러 왔을 때 같이 와서 노래를 불러준 바 있었다. 이해인 수녀도 실은 지난해 여름 맨 처음 만났는데 김정식 씨도 그때 처음으로 알게 되었던 것이다. 전화 내용은 그 김정식 씨가 병문안 겸 나의 병실로 찾아와 노래를 불러주겠노라는 것이었다. 이러한 전후 사정을 잘 알지도 못했거니와 심정적으로 불안정하던 때였는지라 아내는 자세히 전화 내용을 들어보지도 않고 일언지하에 병실에서는 노래 같은 걸 부르면 안 된다고 말해주고 전화를 끊어버렸다.

좀 아쉬운 감이 없지 않았지만 나로서도 어쩌는 도리가 없었다. 실상 병실 안에서는 악기 연주나 노래 부르는 일이 금지되어 있었다. 간혹 목사나 신부가 방문하여 신도들과 찬송가를 부르는 일조차 허락되지 않고 있었다. 이런 점은 서울아산병원이 특히 철저하게 관리되고 있었다. 며칠 후 나의 병실로 한 낯선 의사가 찾아왔다. 중년을 좀 넘겼지 싶은 건장한 남자의사였다. 의사는 자기가 서울아산병원의 종양내과에서 일하는 서철원 교수라고 소개했다. 그러면서 이해인 수녀 이야기를 꺼냈다. 청년 시절부터 이해인 수녀의 시를 좋아해 편지를 주고받던 독자인데 그 이해인 수녀로부터 가수 김정식 씨가 나의 병실로 찾아가 노래를 부를 수 있도록 배려해달라는 전화를 받았다는 것이었다. 아마도 아내가 안 된다 하니까 김정식 씨가 이해인 수녀에게, 다시 이해인 수녀가 서철원 교수에게 릴레이식으로 이야기가 전해졌던 모양이다.

서철원 교수는 13병동의 수간호사에게 이런 전후 사정을 밝히고 허락을 받아주겠다고 말하고 돌아갔다. 아닌 게 아니라 서 교수가 다녀간 뒤 얼마 지나지 않아 수간호사가 찾아와 병실에서 노래 부르는 것은 안 되지만 휴게실에서는 노래를 불러도 좋다는 말을 해주었다. 일은 급하게 이루어지고 있었다. 그날 오후 2시에 김정식 씨가 기타가 든 커다란 가방을 들고 병실로 찾아왔다. 두 번째의 만남이었다. 아내와 나는 김정식 씨를 휴게실로 안내했다. 수간호사가 따라와 휴게실에 미리 와 있던 환자와 보호자들에게 양해를 구해주었다. 뿐더러 간호사나 환자나 보호자 가운데 노래를 들을 만한 사람들에게 노래를 들으러 휴게실로 가라고 홍보하는 일까지 맡아주었다.

　아내와 내가 휴게실의 가운데 의자에 앉고 김정식 씨가 내 앞자리에 접의자를 가져다 놓고 앉아 기타를 연주하며 노래를 불러주었다. 노래는 모두 세 곡. 「사랑하는 마음 내게 있어도」, 「풀꽃」, 「제비꽃」. 모두가 내가 쓴 시를 김정식 씨가 직접 작곡한 노래들이었다. 김정식 씨는 미성의 가수이다. 나지막하지만 부드럽고 감미로운 그의 목소리가 나의 시를 노래로 바꾸어 들려주고 있었다. 병원에 장기 입원해 있는 환자의 입장으로 노래를, 그것도 직접 작곡한 작곡가의 음성으로 듣는다는 것이 꿈만 같았다. 영광이었다. 한 감격이었다. 내가 앓는 사람이 아니었다면 이런 호사가 어찌 나의 것일 수 있었을까? 이렇게 앓는 사람인 것도 나의 생애 가운데 나름대로 의미가 있고 특별한 삶이겠다 싶은 생각이 들기도 했다.

사랑하는 마음
내게 있어도
사랑한다는 말
차마 건네지 못하고 삽니다
사랑한다는 그 말 끝까지
감당할 수 없기 때문

모진 마음
내게 있어도
모진 말
차마 하지 못하고 삽니다
나도 모진 말 남들한테 들으면
오래오래 잊혀지지 않기 때문

외롭고 슬픈 마음
내게 있어도
외롭고 슬프다는 말
차마 하지 못하고 삽니다
외롭고 슬픈 말 남들한테 들으면
나도 덩달아 외롭고 슬퍼지기 때문

사랑하는 마음을 아끼며
삽니다
모진 마음을 달래며
삽니다
될수록 외롭고 슬픈 마음을
숨기며 삽니다.

— 나태주,「사랑하는 마음 내게 있어도」전문

악보를 들여다보며 노래를 따라 부르다 보니 목이 메어왔다. 저절로 눈물이 나왔다. 끝내 나는 노래를 끝까지 부르지 못하고 울음을 터뜨리고 말았다. 어깨를 들먹이면서까지 울고 있는 나를 아내가 한 팔로 싸안아 붙잡아주었다. 노래 세 곡이 모두 끝난 뒤 나는 김정식 씨에게 반주를 부탁하여 그동안 줄창 불러왔던 「주여 이 죄인이」 2절을 불렀다. 나 혼자 부르기 힘들어 아내의 손을 이끌어 함께 노래를 불렀다. 역시 많이 울먹이며 부른 노래였다. 울면서 부르긴 했지만 노래를 부르고 나니 마음이 평온해지고 기쁜 마음이 생기는 것 같았다. 그렇게 짧은 시간 신곡 발표회와 위문 공연을 겸한 미니 음악회를 마치고 김정식 씨는 다시금 기타가 든 커다란 가방을 들고 총총히 병원을 떠났다. 그 다음날 공연차 미국에 가야 한다는 것이었다.

2. 이해인 수녀

김정식 씨가 다녀가고 나서 6일째 되는 날 한낮(2007년 7월 26일), 나는 병원 뜨락에서 풀꽃 그림을 그리고 있었다. 김정식 씨를 병원으로 보내어 노래를 불러준 이해인 수녀에게 풀꽃 그림을 그려서 보내주기 위해서였다. 꼬리풀꽃 그림을 그렸다. 그런 뒤, 그림과 함께 보낼 편지 한 장도 붓펜으로 썼다. 그것들을 봉투에 넣어 이해인 수녀에게 보낼 요량으로 병원 지하층에 있는 우체국에 가려고 엘리베이터 앞에 서 있었다. 바로 그 때, 핸드폰이 울렸다. 뜻밖으로 이해인 수녀였다. 작년 여름과 마찬가지로 공주 쪽으로 강연하러 가는 길인데 마침 자동차 편이 있어 서울까지 올라가 병원에 잠시 들르겠다는 전갈이었다. 힘들면 아니 찾아줘도 좋다고 말했지만 이미 자동차가 많이 서울 쪽으로 근접하고 있다는 대답이었다.

병원에 온 뒤로 이상한 체험을 몇 차례 했는데 이해인 수녀에 관한 것도 그 가운데 하나였다. 이쪽에서 그 사람을 골똘히 생각하고 있는 동안 저쪽 사람도 나를 생각해주는 일이 일어나는 것이었다. 서울아산병원으로 와 처음 입원하던 날도 같은 시간대에 김남조 선생과 내가 마주 생각한 일이 있었는데 이번에 또 이해인 수녀와 내가 같은 시간대에 상대방을 생각하고 있었던 것이다. 이런 얘기를 나중에 대전의 김백겸 시인에게 들려주었더니 심리학에서도 이런 경우를 '동시성의 원리'로 풀이한다는 이야기를 해주었다. 나는 부치려던 편지를 들고 급하게 병실로 돌아왔다. 그런데 이해인 수녀보다 먼저 찾아온 손님이 있었다. 그것도 한 사람이 아니라 세 사람씩이나. 모두가 나에겐 소중한 의미를 지닌 분들이었다. 한 분은 이준관 시인. 그리고 두 분은 이익로 목사와 사모님. 조금은 당황스러웠다. 이분들은 차근차근 따로 만나야 되는 분들인데 이렇게 엉켜버리고 말았으니 어떻게 조정해야 좋을지 망설여졌다. 얼마 기다리지 않아 이해인 수녀가 병실로 들어왔다. 이준관 시인도 이익로 목사 내외분도 익히 인쇄 매체를 통해서 이해인 수녀를 알고 있었지만 이렇게 직접 만나기는 처음이라 했다.

오락가락 선후를 차리지 못하는 대화가 오고 갔다. 나로선 이해인 수녀가 가수 김정식 씨를 보내어 노래를 불러준 것도 고맙고 직접 병실로 문병 온 것도 감사했다. 작년 여름에 이은 두 번째 만남이었지만 무척 친근한 마음이 들었다. 아마도 시를 같이 쓰는 동료의식에서 그러했을 것이고 해방둥이로서의 또래라는 점에서도 그러했을 것이다. 뿐더러 이미 나온 나의 동화집『외톨이』, 시선집『오늘도 그대는 멀리 있다』에 추천의 글을 이해인 수녀가 각각 써주었다는 인연에서도 그러했겠지 싶다.

사진기가 있었으면 이준관 시인, 이해인 수녀시인과 사진이라도 한 장 남겼을 텐데 병실에 묶인 몸이라 그런 마련이 없어 많이 아쉬웠다. 모처럼 좋은 인간조합을 놓쳤구나 싶었다. 10여분 정도 머물렀을까. 이해인 수녀가 먼저 자동차기사가 밖에서 기다리고 있다면서 급히 하직인사를 했다. 이준관 시인과 내가 엘리베이터 타는 데까지 배웅을 나갔다 왔다. 이해인 시인은 역시 화사한 분이다. 떠나간 뒤 한참동안 병실에 이해인 수녀가 남긴 새하얀 빛깔이 오래 어른거리는 듯싶었다. 마음의 향기라 그럴까. 깔깔거리며 명랑하게 웃으며 이야기하던 이해인 수녀의 얼굴 표정이며 목소리가 침울한 병실 여기저기에 남아 기웃대는 것만 같았다. 조금 더 있다가 이준관 시인이 돌아가고 이익로 목사 내외분이 맨 나중에 돌아갔다. 이익로 목사가 돌아가기 전 나는 또 기도를 부탁드렸다. 이 목사는 대전의 을지대학병원에 이어 두 번째로 기도를 해주었다. 역시 뜨거운 기도였다. 나는 이익로 목사의 손바닥 아래 엎드려 울면서 기도를 아멘으로 받아들였다.

그날은 이래저래 선후 못 차리게 혼란스러운 날이었고 그런 만큼 또 특별한 날이었다. 여러 사람으로부터 사심 없고 귀중한 축복과 응원을 받은 날이었다. 내가 많이 새로워진 날이기도 했다.

> 시인을 보러 온 사람
> 수녀님을 만나고 가고
> 수녀님은 보러 온 사람
> 시인을 만나고 갑니다
>
> 언제나 웃고 있는 작은 키의 민들레꽃
> 흰 구름을 그리워하는 맑은 눈의 소녀
>
> 그러나 나는 참으로 사람다운
> 한 사람을 만나고
> 정다운 이웃의 아낙네
> 살가운 누이를 읽고 갑니다.
>
> ― 나태주, 「클라우디아 이해인 수녀」 전문

이해인 시인은 역시 화사한 분이다. 떠나간 뒤 한참 동안
병실에 이해인 수녀가 남긴 새하얀 빛깔이 오래 어른거리는
듯싶었다.

마음의 향기라 그럴까.

깔깔거리며 명랑하게 웃으며 이야기하던
이해인 수녀의 얼굴 표정이며 목소리가
침울한 병실 여기저기에 남아 기웃대는 것만 같았다.

* 2006년 여름 공주 신관성당에서 만난 이해인 수녀.

김남조 선생

　김남조 선생은 오늘날 한국 시단에서 극소수 원로 가운데 한 분이시다. 이 분은 인생으로서나 문학으로서나 모범이시다. 한 시절만 그런 것이 아니라 평생을 두고 그러하시다. 언제나 어린아이 같은 호기심으로 배우고 초등학생같이 정직하게 발언하시는 분이다. 이 분은 진화進化하는 자신을 꿈꾸며 사신다. 끝없는 자기완성을 바라며 사신다. 그러나 이 분의 완성은 오늘에 있지 않고 언제나 내일, 어느 지점쯤에 있게 마련이다. 그리하여 이분은 스스로 퀸이며 지상에서는 악기요 천상에는 새로서 존재한다. 오랜 세월 시단의 한구석에서 숨을 쉬면서 나는 김남조 선생을 뵈어왔다. 멀리서도 뵈었고 가까이서도 뵈어올 때, 나는 그분에게서 강한 모성의 힘을 느껴왔다. 자력磁力 같은 것이라 할까. 그 모성은 개인적인 모성이기도 하지만 개별을 넘어 일반성에 이른 모성이기도 하고 세상을 향한 보다 본질적이고 포괄적인 모성이기도 하다. 더 나아가 이분의 모성은 우주적인 그것으로 확대되고 발전되기도 한다.

　3월 19일, 대전의 병원에 있을 때 서울서 김남조 선생이 면회를 좀 오시겠노란 전갈이 왔다. 어찌 아셨을까? 아마도 김상현 시인이 장례위원회 구성을 두고 서울을 오르내릴 때 한국시인협회 오세영 회장과 협의하는 과정에서 소식이 번져 나갔지 싶다. 2인 병실로 들어와 며칠 안 되었을 때에도 서울의 윤효 시인을 통해 여러 가지 의견을 주셨다는 것을 어렴풋하게 들은 기억이 있다. 병원을 서울로 옮기는 게 좋지 않겠느냐는 것이 첫째요, 나태주는 아직 꺾일 때가 아니니 걱정하지 말라는 것이 둘째요, 환자에게 열이 있느냐 없느냐는 물음이 세 번째 말씀이었다. 물론 혼미한 정신 가운데 꿈결 속같이 들은 얘기들이었다.

  가능하면 안 오셨으면 하는 생각이었다. 이렇게 험악하게 앓고 있는 모습을 선생께 보이고 싶지 않을 뿐더러 선생께서도 오래전부터 고관절 부상의 후유증으로 보행이 자유롭지 못한 데다가 최근 몇 년은 휠체어 신세까지 지고 계신 걸 보아왔음으로서다. 허나, 여러 차례 말씀이 있었고 어른이 요구하시는 걸 끝까지 안 된다 막무가낼 일도 아니었다. 몸까지 불편한 어른이 지방의 병원에까지 까마득한 후배시인을 문병오시겠다니 이 얼마나 고맙고 감사한 일이겠는가. 그나저나 선생이 오시면 어떻게 하나? 무엇인가 드리고 싶다는 생각이 불쑥 일었다. 허나, 누워 있는 나로선 아무것도 드릴 것이 없다는 데에 생각이 미쳤다.

  그래, 시를 드리자. 시를 써서 드리면 선생이 좋아하실 거야. 나는 아들아이의 눈치를 살피며(아들아이는 내가 그동안 시를 쓰느라 스트레스를 받아 쓰러졌다고 믿고 있었으므로) 몇 편의 시를 써보았다. 아니, 써보려고 노력해 보았다. 이미지나 느낌이 제대로 응축되지 않아 애를 먹었다. 적당한 언어가 떠오르지 않아 한동안 머뭇거리기도 했다. 오랜 시간 끙끙거리며 제법 여러 편의 시를 썼다. 아니, 시 비슷한 문장을 얽었다고 보아야 옳을 것이다. 그동안 병원에 와서 겪었던 일들을 소재로 삼았다. 실은 그 시들은 정신이 돌아와 처음으로 써본 시였다. 그 시들을 김남조 선생이 오시면 선물로 드릴 수 있다고 생각하니 기분이 좋아졌다.

예고된 대로 김남조 선생은 그 다음날(3월 20일), 10시에서 11시 사이 병원에 오시었다. 병원의 주차장에 도착하셨다는 기별을 받고 아이들이 병원의 환자용 휠체어를 가지고 내려가 모셔왔다. 선생이 오시기 전 나는 접의자 두 개를 빌어다 준비해놓고 아내더러 양말을 달래서 신었다. 조금 뒤, 아들과 딸아이가 선생을 모시고 병실로 들어왔다. 혼자가 아니라 동행이 있었다. 천안에 사시는 김소엽 시인이었다. 나는 침대에서 병실 바닥으로 내려가 선생께 인사를 드렸다.
"선생님, 몸도 불편하신데 이렇게 먼 곳까지 오시게 하여 죄송합니다."

나는 내가 병원에 입원하게 된 것이 모두가 평소 건강관리를 잘못해서 생긴 일이요, 그러므로 해서 주위의 정다운 분들에게 걱정을 끼치게 되어 송구스럽다는 생각을 내내 가지고 있었기 때문에 선생께도 그렇게 말씀드렸던 것이다. 선생은 그 날 끝없는 연민과 걱정으로 나를 보시며 여러 가지 좋은 말씀을 들려주시었다. 많은 말씀도 아니다. 문제는 말씀에 담긴 진정성이다. 정신의 끈을 놓지 말고 끝까지 붙잡고 있어야 한다는 말씀이 주된 말씀이었다. 선생의 말씀들은 나에게 어떻게 하든지 살아야 하겠다는 마음의 각오와 삶에 대한 강한 용기를 갖도록 하기에 충분했다.
 선생이 한없이 고마웠다. 문단의 선배이기보다 육친의 따스한 정 같은 것을 느낄 수 있었다. 평소 어렵게만 느껴지던 선생이 무척 가깝게 느껴지면서 가슴 속에 울컥 솟아오르는 마음이 있었다. 아, 김남조 선생님이 나를 위해 여기까지 이렇게 힘들게 오시었구나! 선생이 의자에서 일어나자 나는 미리 준비해두었던 시 원고를 내밀었다.
 "선생님, 이건 제가 정신이 들고 나서 처음으로 써본 시들입니다. 선생님께 드릴 것이 없어 이것을 대신 드렸으면 합니다."
 "그래요?"
 선생은 놀랍다는 표정으로 종이 뭉치를 받아 드셨다.

 "서울 가서 읽어보지요."
 김 선생은 조그만 일에도 크게 감동하고 또 세심하게 반응하는 분이시다.
 "내 나태주 시인을 한번 안아주고 싶군요."
 선생은 가볍게 팔을 벌려 내 어깨를 쓸어주시었다. 나는 깡마른 나무토막 같은 몸을 선생께 잠시 기울였다. 병들어 쓰러진 문단의 후배를 이렇게 살뜰히 생각해 마음 아파하시는 선생의 배려가 너무나 감사했다. 가슴이 뻐근해져왔다.
 "어머니, 편히 가시어요."
 그건 나도 모르게 불쑥 내 입술에서 자연스럽게 터져 나온 한 마디 말이었다.

 선생이 한 손에 지팡이를 짚고 또 한 손을 김소엽 시인에게 맡긴 채 병실을 나가신 뒤, 나는 한동안 병실 바닥에 그냥

서 있었다. 병실 밖에서 김남조 선생의 밝고도 환한 음성이 들려왔다.
"문병 왔다가 이렇게 기분 좋게 돌아가기는 처음인 것 같아요……."
선생의 목소리는 한 줄기 환한 햇살이 되어 어둡고 답답한 병실 안으로 밀려 들어왔다.
'내 어떻게 하든지 이 병을 이기고 떨쳐 일어나 선생님을 다시금 찾아 뵈오리라.'
마음속에서는 강한 삶의 의지가 솟아오르고 있었다. 혹시 그날 왔다가 쓰시었을까? 그 뒤에 나온 선생의 시집 『귀중한 오늘』에 실려 있는 시 한 편이 마음에 와 닿기에 여기 옮겨 적어 본다.

> 그의 고통에게
> 절하며 부탁한다
> 그를 부드럽게 대해 달라고, 아니
> 착오로 방문했으니
> 어서 떠나 달라고
>
> 세상이 주지 않는 건
> 세상에 되돌림으로
> 누구도 다치지 않게 한 사람이라고
> 그의 생
> 겨우 온화해지려는 참에
> 문 닫을 수 없다고
>
> 그의 고통
> 소슬한 절벽 앞에
> 예배로 탄원한다

해 뜨고 바람 부는 이승의
고락을
하늘 한 순갈인
물방울의 나달 동안
부디
나누게 해 달라고

— 김남조, 「쾌유를 위하여」 전문

그리고 다시, 5월 25일의 일이었다. 입원 두 달하고서도 25일째 되는 날. 대전의 을지대학병원에서는 더이상은 손을 쓸 수 없노라 하여 마지막 방법으로 수술이라도 받아보자고 서울아산병원으로 올라온 날이었다. 어렵게, 참으로 어렵게 병실 침대를 하나 얻어 입원할 수 있었다. 그날 온종일 마음 졸이고 이리저리 끌려 다녔으므로 나는 많이 지쳐 있었다. 병실에 들어가자마자 침대에 쓰러져 누워버렸다. 그때 아내의 핸드폰이 울렸다. 놀랍게도 김남조 선생의 전화였다.

"나, 김남조입니다. 오늘은 아침부터 이상한 예감이 들어 나 선생에게 전화를 했습니다. 어떻게 몸은 괜찮습니까?"

아, 어떻게 아셨을까? 내가 너무 힘들고 고단하고 위태롭기까지 했다는 걸 어떻게 아셨을까? 나는 대충 그날에 있었던 일들을 말씀드리며 끝내 울음을 터뜨리고 말았다. 참으로 나이 드신 분의 직관력과 예견력이 놀라웠다.

"나 선생, 진정하고 내 말 들어요. 서울아산병원은 절대로 사람을 죽게 하여 내보내는 곳이 아닙니다. 병원을 믿고 의사를 믿고 간호사를 믿고 또 좋은 약을 믿으세요. 그리고 기도하세요. 하느님은 나 선생을 버리시지 않고 사랑하신다는 걸 잊지 마세요."

"네, 네, 선생님. 잘 알겠습니다."

그것은 서울로 병원을 옮기고 나서 첫 번째로 받은 전화였다. 내가 그 날 그렇게 애타는 심정으로 김남조 선생을 생각했는데 어쩌면 그 시간에 선생께서도 그렇게 나를 생각해주시었을까? 세상에는 이렇게 사람의 입장에서 이해가 안 가는 일이 가끔은 생기기도 하는가 싶었다. 그 다음날, 선생은 피천득 선생이 돌아가시어 그 빈소에 오시는 길에 들렀다면서 나의 병실로 찾아오시었다. 역시 서울아산병원으로 와 처음으로 찾아온 손님이셨다. 그날은 당신이 감기에 걸려서 환자에게 옮길지도 모른다며 멀찍이 앉아 잠시 동안 말씀하다가 가시었다.

한동안 나는 서울아산병원에서도 위태로운 환자였다. 하루 한 시간도 마음 놓을 수 없는 날들이 계속되었다. 6월 중순쯤, 문학사상사에서 내 신작시집을 제작하는 과정에서 김 선생이 시집의 표4의 글을 쓰시기로 하여 몇 차례 통화가 있었다.

"모든 일이 왼쪽으로 갈 것인가, 오른쪽으로 갈 것인가 방향 잡기가 중요한데 이제 좋아지는 쪽으로 방향을 바꾸었으니 걱정이 없어요. 세상에는 좋은 약이 많아요. 이제 입으로 먹을 수 있게 되었으니 살아날 수 있다는 가능성이 활짝 열렸다고 볼 수 있지요. 왜관에 있는 분도회 수사님이 만드는 약을 알고 있어요. 온라인으로도 주문이 가능하다 그럽니다. 그리고 홍삼 엑기스도 좋은데 그것도 먹도록 하세요. 나태주 시인은 내가 보기론 평소 잘 웃고 아름다운 시를 쓰고 그런 시인으로 아는데 한편으론 남모르는 숨은 노력이 있는 사람 같아요. 안으로 고행자적 인내가 있는 시인으로 보아 왔어요. 시골말로 한다면 강단이 있는 시인이란 얘기지요.

그런데 이번에 표4의 글을 쓰면서 나태주 시인의 시를 읽어 보았더니 시를 너무 많이 쓰는 것 같아요. 시의 편수를 줄이도록 하세요. 시가 상당히 순발력이 있어 보여요. 그러나 퇴고 과정에 문제가 있으니 많이 읽어보고 고쳐보도록 하세요. 특히, 산문형식의 시편에서 중간 중간에 삭제해도 좋을 부분이 들어 있는 것 같아 보이더군요."
  그 날은 6월 16일이었다.

  김남조 선생은 무소식이 희소식이라면서 전화를 하고 싶어도 참는다고 그러셨다. 그러면서 내 쪽에서 전화를 드리기를 기다리고 있다고 하셨다. 이런 말씀 하나에도 오래 사신 분의 맑은 지혜 같은 것을 느끼게 했다. 선생은 여차하면 병원 측에 이야기하여 나의 입원 연장이나 진료 과정에 도움을 주시겠다고도 했다. 허나, 일단은 자력으로 해결해 볼 일이요, 병원의 의사들이 자존심이 강한 사람들이니 두고 보아달라고 말씀드렸더니 그러마 하시었다. 그럴 때마다 나는 나의 배경에 든든한 보호자 한 분이 버티고 계시다는 안도감을 가졌던 게 사실이다. 퇴원이 가까운 어느 날 선생은 또 이렇게 내게 말씀하시었다.

  "나 선생, 이번에 병을 얻어 오랫동안 투병 생활도 하고 고생을 많이 하긴 했지만 아주 그런 것들이 무용했다고는 생각지 마세요. 나 선생이 세상에 와서 혼자 힘으로, 인간의 능력으로는 도저히 가보기 어려운 곳을 가보았다고 생각하세요. 특별한 여행을 했다고 여기세요. 신이 어쩌면 나 선생을 사랑하셔서 이곳저곳 데리고 다니셨을 거예요. 동행해주셨다는 얘기죠. 그로 해서 그런 시도 쓰고 시집도 새롭게 내게 되었다면 많은 위로가 될 거예요."

　병원에서 퇴원하여 집에서 1개월 넘게 정양하면서 아무래도 선생께 인사를 드리러 가야겠다는 생각이 들었다. 그래, 서울의 효창동 선생 댁을 찾아 뵈온 일이 있다. 마침 방송국과 약속이 되었노라며 오전 10시에서 11시 사이에 시간이 있다 하셨다. 나는 먼데 전쟁터나 험한 여행길에서 죽을 고비를 넘어 다시 살아난 아들이 그 모친을 찾아뵙는 심정으로 선생께 인사를 드렸다.

　선생께서 들려주신 말씀이 또 내게는 감동적이고 인상적이었다.
　"얼마 전 어떤 모임에서 좋은 말씀을 들은 적이 있어요. 여러 가지 말씀이 있었지만 그 중에서 가장 핵심이 되는 말은 이래요. '죽기 전에 죽으면 죽을 때 죽지 않으리라.' 독일에 가서 공부하여 철학박사 학위를 받은 어떤 신부님(이제민 신부)이 들려준 말씀이에요. 자기가 가장 존경하는 철학자가 한 말이라 그래요. 죽기 전에 죽는다는 것은 삶의 과정 속에서 연단 같은 걸 의미할 거예요. 계속적으로 깨치고 인내하는 것을 말하기도 할 거예요. 그러면 육체가 죽을 때 정신과 영혼이 따라서 죽지 않고 불후不朽가 된다는 말씀이지요. 불교에서 말하는 해탈 같은 것도 여기에 해당될 것이에요. 죽을 때 초연하게 죽을 수 있다는 얘기겠지요."

　나는 말씀을 들으면서 얼마나 기뻤는지 모른다. '죽기 전에 죽으면 죽을 때 죽지 않는다.' 눈물이 핑 돌 것 같은 말씀이었다. 영혼의 울림이 들어있는 말씀이었다. 그런 말은 누구한테 들었느냐, 그 말의 최초 진원지가 누구냐 하는 것은 별로 중요하지 않다. 다만 듣는 쪽에서 그 깊이를 깨달아 알아듣고 자기 영혼과 정신 깊숙이 기쁨의 소식으로 알아 생명의 등불로 간직하는 일이 중요하다. 깨달음의 외나무다리로 삼아 건너가면 되는 일이다. 나같이 오래고 호된 질병으로 병원 생활을 해온 사람에겐 더욱 그러하다. 내가 만약 이번에 이런 병고를 치르지 않았다면 김남조 선생께서 이런 말씀을 들려주셨을 때 그렇게 담박에 마음 문이 열리고 환하게 그 말씀을 받아들이지 못했을지도 모른다. 이런 점에서 병고도 하나의 축복이다.

앓고 나서의 하나의 변화는 내가 이런 말에 귀가 밝아졌다는 것이다. 설명 없이 번역 없이 직역으로 그냥 마음속으로 들어온다는 것이다. 이야말로 결핍의 은택이요 그 소산이다. 내가 충분히 죽을 준비가 되어있지 않았으므로 신께서 잠시 데리고 가시는 일을 보류한 것이 틀림없다는 생각이 선생의 말씀을 듣는 동안 떠올랐다. 그러고 보면 나의 질병과 환난의 날들은 결코 공짜로 나한테 지나간 것이 아니라 아주 귀한 많은 것들을 선물하고 갔다고 볼 수 있겠다. 이번의 일로 해서 김남조 선생의 영혼의 자리와 좀더 가까워지게 된 것도 하나의 커다란 생의 기쁨이요 소득이라 할 것이다.

환난 날에 나를 부르라. 내가 너를 건지리니 네가 나를 영화롭게 하리로다.(시편 50장 15절)

내가 산을 향하여 눈을 들리라. 나의 도움이 어디서 올까? 나의 도움은 천지를 지으신 여호와에게서로다. 여호와께서 너를 실족하지 아니하게 하시며 너를 지키시는 이가 졸지 아니 하시리로다. 이스라엘을 지키시는 이는 졸지도 아니 하시고 주무시지도 아니 하시리로다. 여호와는 너를 지키시는 이시라. 여호와께서 네 오른쪽에서 네 그늘이 되시나니 낮의 해가 너를 상하게 하지 아니하며 밤의 달도 너를 해치지 아니 하리로다. 여호와께서 너를 지켜 모든 환난을 면하게 하시며 또 네 영혼을 지키시리로다. 여호와께서 너의 출입을 지금부터 영원까지 지키시리로다. (시편 121편)

소중한 사람

내 생애에 가장 소중한 사람을 들라면 두 사람을 말하겠다. 한 사람은 외할머니이고 또 한 사람은 아내이다. 외할머니는 내 인생의 초반부, 어린 시절부터 청년시절까지 나의 영혼과 육신을 돌보아주신 분이다. 내 마음의 고향 같은 분으로 외할머니는 내게 모성이기도 하고 부성이기도 했다. 실상 서른여덟 살 청상과부의 서럽고도 외로운 외아들처럼 자라난 것이 나의 유년이요, 또 그 이후의 나의 삶의 그늘이었던 것이다.

20대 후반 당시로서는 늦은 나이에 결혼을 하여 나를 인계 받은 사람이 아내이다. 그녀는 시가 무엇인지, 시인이 무엇을 하는 사람인지조차 모르고 나한테 시집을 온 사람이다. 다만 초등학교 선생을 한다니 밥이야 굶겠느냐는 믿음으로 맘놓고 시집을 왔을 것이다. 웬 걸, 집안은 씻은 무처럼 썰렁하니 가난하고 남편이란 사람은 선생의 일보다는 시 쓰는 일에 미친 인간이고 보니 황당스럽기도 했을 것이다. 게다가 자신의 병고가 겹치고 아이 낳아 기르는 일까지 남들처럼 순탄치 못해 여러 번 옹이가 맺히니 고생이 내내 심했으리라.(어찌 그 모든 곡절을 밝혀서 말할 수 있으랴.) 여기 저기 남편의 직장을 따라 이사

다니며 궁핍한 삶을 여러 세월 견뎌야만 했다.

 살아오면서 아내는 나에게 마음의 언덕과 같은 사람으로 존재했다. 내 삶의 최선의 이해자요 조력자로서의 아내. 때로는 보호자로서의 아내. 그녀는 언제든 '당신 먼저, 남편 먼저'라는 생활신조로 일관되게 나를 지켰다. 내가 낮이라면 그녀는 밤이었고 내가 기쁨이었다면 그녀는 슬픔이기를 자처했다. 현모양처의 전범典範이라고나 할까. 내가 기뻐하고 좋아하는 일이라면 어떠한 경우에도 양보하고 인내하는 데에 인색하지 않았다.

 집안의 생활뿐만 아니라 밖의 사람들과 사귀는 일에 있어서까지 일체의 간섭이나 타박이 없었다. 심지어 글 쓰는 아낙들이랑 어울려 다녀도 하루 종일 잘 놀다가 저녁때만 집에 잘 돌아오면 된다고 말해 온 사람이 아내다. 20년도 훨씬 전의 일일 것이다. 처음으로 신장결석 수술을 받았을 때는 내가 결혼하기 전부터 알고 지내던 S시인에게 연락하여 한나절 동안 나의 병간호를 하도록 부탁하기도 했다. 만에 하나라도 내가 잘못되면 그런 일조차 자기에게는 후회되는 일이 되겠지 싶어서 그랬다는 것이다.

 이번에 내가 병이 나 6개월간 아내는 하루도 거르지 않고 내 병상을 지키다시피 했다. 막판에는 몇 차례 주말을 아들아이와 교대하기도 했지만 그건 워낙 자기 몸의 형편이 안 따라 줘서 그런 것이지 결코 자기 뜻으로 그런 것은 아니었다. 남편과 함께가 아니면 결단코 공주의 집으로 돌아가지 않겠노라는 것이 아내의 굳고도 굳은 결의였으니 두말할 일이 아니겠다. 생각해보면 그건 사람으로 할 일이 못 된다. 환자의 침대 옆에 딸린 쪽침상, 그 보호자용 침상에서 6개월을 버티다니!

초인적인 집념과 노력이 아니면 결코 가능한 일이 아니다. 오로지 주인을 지키는 진도견의 충성과 같았다면 아내의 헌신적인 사랑에 모욕적인 발언이 될 것이다. 이토록 아내가 심지가 굳은 것은 그녀의 성격에서 우러나오는 바이다. 아내는 사교성이라든지 현실 적응력이 더딘 대신 한 번 마음을 주고 결심한 것은 결코 바꾸지 않는 유형의 사람이다. 재사형이기보다는 지사형에 가까운 사람이다.

대전 을지대학병원에서는 나도 정신이 혼미했고 아내 또한 몇 차례 까무러치고 그래서 피차 잘 모르고 지난 일이지만 서울아산병원으로 옮기고 나서 정신을 차리고 보니 내가 죽을지도 모른다는 불안감이 엄습해왔다. 그래, 많이 괴로워했는데 만약에 내가 죽게 된다면 아내 혼자서 세상에 남을 텐데 아직도 과부로 살기에는 젊은 나이로 그 긴 인생의 후반부 남은 날들을 어찌 견딜까 싶었다. 어쩌면 그건 하나의 핑계였는지도 모르는 일이겠다. 세상을 하직한다고 생각할 때 그 어떤 사람보다도(아이들보다도) 걸리는 사람이 아내였다. 이 사람이 내게 이렇게 소중한 사람이었나를 생각할 때 새삼스럽게 가슴이 저리도록 아파왔다. 함께 살면서 잘못했던 일, 옹졸하게 굴었던 일, 고집을 부렸던 일, 고생시켰던 일들만 새록새록 떠올라 괴로웠다.

우리 내외는 여행도 함께 많이 해보지 못한 사람들이다.

교직에서 정년을 맞으면 여행도 맘먹고 해보려고 했는데 그 일조차도 물거품이 되어 꿈이었거니 싶었다. 그래서 우리는 병원에서 지내는 날들도 의미 있는 인생이고, 이렇게 우리는 병원으로 장기여행을 떠나온 사람들이라고 서로를 위로했으나 그런 생각도 무거운 마음을 쉽사리 가볍게 만들어주지는 못했다. 이 여행은 도대체 언제쯤 끝나게 되는 거냐고 서로 되풀이 물었으니까 말이다.

병원 생활이 길어지자 아내도 몸의 상태가 기울어갔다. 본래 건강이 시원치 않은 사람인데 점점 몸이 황폐해지고 있었다. 밤이 와 잠을 잘 시간이면 많이 괴로워했다. 잠을 잘 때도 아내의 손을 놓지 못하고 쥐고 있다가 겨우 잠을 이루곤 했다. 손을 놓으면 영영 놓쳐버릴 것만 같은 위기의식에서 그랬다. 팔과 다리가 저리고 아프면 서로 교대하여 주물러주기도 하면서 밤을 지새웠고 발바닥을 또한 서로 쓰다듬어주기도 했다. 그런 밤이면 우리는 나란히 두 마리 털북숭이 짐승의 마음이 되곤 했다.

너무 그러지 마시어요. 너무 섭섭하게 그러지 마시어요. 하나님, 저에게가 아니에요. 저의 아내 되는 여자에게 그렇게 하지 말아달라는 말씀이에요. 이 여자는 젊어서부터 병과 더불어 약과 더불어 산 여자예요. 세상에 대한 꿈도 없고 그 어떤 사람보다도 죄를 안 만든 여자예요. 신장에 구두도 많지 않은 여자구요, 장롱에 비싸고 좋은 옷도 여러 벌 가지지 못한 여자예요. 한 남자의 아내로서 그림자로 살았고 두 아이의 엄마로서 울면서 기도하는 능력밖엔 없는 여자이지요. 자기 이름으로 꽃밭 한 평, 채전밭 한 귀퉁이 가지지 못한 여자예요. 남편 되는 사람이 운전조차 할 줄 모르는 쑥맥이라서 언제나 버스만 타고 다닌 여자예요. 돈을 아끼느라 꽤나 먼 시장 길도 걸어다니고 싸구려 미장원에만 골라 다닌 여자예요. 너무 그러지 마시어요. 가난한 자의 기도를 잘 들어 응답해주시는 하나님, 저의 아내 되는 사람에게 너무 섭섭하게 그러지 마시어요.

— 나태주,「너무 그러지 마시어요」전문

아, 이 사람을 두고 어찌 나 혼자서만 눈을 감는단 말인가! 그 때에서야 나는 이 세상에서 가장 소중한 사람이 아내란 것을 알게 되었다. 그렇게 중요한 사실을 이제사 알게 되다니! 그러나 이제라도 알게 된 것은 이보다 더 늦게 안 것보다 나은 일이요, 아예 그조차 모르고 세상을 뜨는 것보다 훨씬 낫지 않겠는가. 그것은 나름대로 소중한 깨달음의 한 계기가 되었다.

병상에서 출간한 시집

병상 생활 동안 별난 일이 많았지만 그 가운데 한 가지는 새로운 시집을 한 권 출간했다는 것이다. 지난해(2006년) 초여름, 시전집을 출간하고 소강상태였고 허탈감에 잠겨 있었다. 새로운 신작시집 이야기가 나온 건 1월 말쯤의 일. 〈문학사상〉의 단행본 팀장인 정종화 씨를 만나고 나서의 일이었다. 마침 나의 시전집 출간을 기념해주기 위해 문학사상사의 임홍빈 회장과 권영민 주간이 2007년 1월호 〈문학사상〉 표지화로 나를 선정, 박학성 화백의 그림으로 초상화를 그려준 바 있었다. 아무래도 인사차 한 번 가보아야겠기에 잡지사에 들렀다가 정 팀장이 새로운 시집 원고가 없느냐 지나가는 말처럼 묻기에 있노라 대답했고 또 내려와 곧장 원고를 정리해 보냈던 것이다.

그런데 내가 병이 나 드러눕게 되고 대전의 을지대학병원으로 김남조 선생이 문병차 다녀가실 때 정신이 돌아와 처음 쓴 시 몇 편을 드린 일이 있었는데 그 원고가 문학사상사로 들어갔던 모양이다. 그 소식을 듣고 내가 신작으로 잡지에 발표하기보다는 묶어두는 게 좋겠다 말했고, 병원생활이 길어지면서 병상체험의 시들이 자꾸만 써져 원고가 모이는 대로 정종화 팀장에게 우송한 일이 있었다. 그러면서 먼저 보낸 시집 원고에서 일부를 빼내고 병상 시편들을 한 파트로 넣자고 제안하기에 이르렀다. 그래, 시집 표지로 사용될 표지화로 거꾸로 된 카네이션 그림을 그려서 보내기도 했다. 그것은 5월 16일의 일. 시집 제목을 '꽃을 던지다'로 정했다.

서울로 와서도 몇 차례 시 원고를 우송한 적이 있었다. 이렇게 내 편에서 열성을 보이다 보니 출판사 쪽에서 서둘러 시집을 냈으면 하는 의견을 보내왔다. 이 대목에서 김남조 선생도 나의 투병 생활에 도움이 되지 않겠나 싶어 시집을 내주라고 옆에서 훈수 말씀을 주셨을 것으로 짐작된다. 드디어 정종화 팀장으로부터 윗선에서 승낙이 떨어졌다는 전갈이 왔다. 그러면서 시집 간지 삽화로 쓸 그림을 몇 개 그려보라는 주문이 오기도 했다. 그때만 해도 양팔에 링거 줄이 꽂혀 있던 때라 두 손을 자유롭게 사용하지 못하고 있었다. 그렇지만 나는 즐거운 마음으로 그림을 그렸다. 우선 병실 안에서 화분의 양란을 그렸고 병원 밖 정원으로 나가 샤스타데이지와 탐라산수국을, 그리고 아내가 산책길에 꺾어다 준 장미꽃도 한 송이 그려서 보내주었다.

그림을 보내고 났더니 이번에는 시집 제목을 바꾸자는 제안이 왔다. 아무래도 나는 '꽃을 던지다' 그대로가 좋겠는데 출판사의 경영진에서는 그보다 다른 걸로 하자는 주문이라는 것이었다. 이 또한 끝까지 우길 수는 없는 일. 그러면서 표제시가 될 만한 시를 한 편 새롭게 써보라는 주문이 겹쳐졌다. 하는 수 없이 나는 다시 정원으로 나가 오랜 시간 서성이면서 시 한 편을 불러들이는 작업에 들어갔다. 양팔에 링거 줄을 꽂고 인퓨전 펌프를 매단 폴대를 밀고 다니며 그랬으니 사람 꼴이 말이 아니었을 것이다.

> 지고 가기에도 힘든 슬픔 있거든
> 꽃들에게 맡기고
>
> 부리기도 버거운 아픔 있거든
> 새들에게 맡긴다
>
> 날마다 하루 해는 사람들을 비껴서
> 강물되어 멀어지지만
>
> 들판 가득 꽃들은 피어서 붉고
> 하늘가를 스치는 새들도 본다.
>
> — 나태주, 「꽃이 되어 새가 되어」 전문

그것이 6월 20일경. 한 차례 교정지가 와 딸아이와 함께 교정을 본 뒤 조금쯤 뜸을 들이고서 책이 빛을 보게 되었다. 시집 해설문은 충북대학교 권정우 교수가 맡았고, 표4의 글은 김남조 선생과 오세영 교수 두 분이 써주었다. 모두 기꺼운 마음으로 써주신 글이었다. 병상에 누워 언제 세상을 하직할지 모르는 사람을 위해 무언가 도움이 될 것 같아 측은한 마음으로 울력해주신 일이었다. 처음에는 안 그랬는데 책이 나온 뒤에 보니 역시 출판사에서 고집해준 대로 '꽃을 던지다'보다는 '꽃이 되어 새가 되어'가 시집 이름으로 훨씬 윗질이라는 느낌도 들었다.

나태주 시인은 현재 중환자실 병실에서 물 한 모금도 삼키기 어려운 병고에 시달리면서 새 시집 『꽃이 되어 새가 되어』를 출간함에 있어 4부인 '병상에 누워'에 싣고 있는 신작시 28편이 특히 충격과 감동을 자아낸다. 신의 불을 훔친 프로메테우스처럼 이 시인도 고통과 의료진의 두 벽에 갇혀 있으면서 그 어떤 초현실의 금고에서 이 작품들을 찾아 움켜쥐었는지 놀랍기만 하다. 생사의 기로에서 창작한 가장 절실한 울음과 기도의 시편들이며 전편이 이를 데 없이 아프고 뜨겁고 정직하게 쓰여 있다.

— 김남조 선생, 표4의 글

아무 거침이 없다. 그 무애無涯로움이여. 무엇이나 보이는 것은 진실이 되고 그것을 음성으로 내뱉으니 시가 되는구나. 솔직하면서도 속뜻이 새겨 있고 담백하면서도 절실한 정한이 거기 스며 있다. 어차피 한 생이란 흐르는 흰 구름인 것을. 보다 높게 보다 맑게 피어오르는 정신의 높이여. 아무 거칠 것이 없다. 생의 가파른 파도를 넘어 하늘 한 구석에 뜬 무지개, 그 서정의 아름다움이여.

— 오세영 교수, 표4의 글

나의 신작시집 출간과 함께 병상에서 겪은 특별한 일은 딸아이 민애가 문단에 등단한 일이었다. 딸아이는 서울대학교 대학원에서 국어국문학 박사과정을 마친 아이인데 박사학위 논문 쓰기에 앞서 문학평론가로 등단해야 된다는 주위 어른들의 채근이 오래 전부터 있었던 걸로 알고 있다. 그래서 「김혜순 시인론」과 「문태준 시인론」을 써서 내게 보여준 일이 있었는데 그 원고들을 가지고 〈문학사상〉 신인상 제도에 응모하여 당선된 것이다. 발표는 7월호 잡지에 있었다. 내 신작시집을 내준 곳이 문학사상사인데 부녀간에 겹치기로 혜택을 입은 셈이다. 딸아이는 제 당선소감 말미에 나의 이야기를 언급해주었다. 이 또한 나로서는 기쁨과 용기를 준 일이었다.

그리고 아버지, 결박당한 새처럼 앉았던 병든 내 아버지는 기쁜 소식을 듣고 나서 웃지 않고 울었다. 그의 병에 통할 수 있는 가장 좋은 항생제가 되었기를 바란다. 이제 가시밖에 남지 않은 나의 가시고기 아버지를 내가 업고 날고 싶다.

— 나민애, 「당선 소감」, 〈문학사상〉 2007년 7월호

그것이 나를 일으켰다

　병원 생활은 일상생활하고는 많이 다르다. 지루하고 따분하다. 기다리는 생활이고 무한정 견뎌야 하는 삶이다. 가능하다면 자기 생애에서 떼어내 버리고 싶은 한 시절이기도 하다. 종국적으로 병이 완쾌되는 것, 퇴원하는 날을 기다리는 것과 의사나 간호사를 기다리고 주사나 약을 기다리는 병원에서의 하루하루, 여러 가지 시술이나 절차를 기다리는 날들의 계속은 지친 사람을 다시 한 번 지치게 만든다. 지극히 수동적이고 소극적인 생활이다. 금단현상도 만만치 않다. 건강했던 날들에 대한 그리움이다. 돌아가고 싶지만 쉽게 돌아갈 수 없는 안타까움이다. 정말로 내가 옛날의 그 자리로 돌아갈 수 있을까, 의심해 보는 절망감도 따른다.

　눈만 뜨면 보이는 건 병든 사람들의 모습이다. 어떤 때는 한 병실의 절반인 세 명의 환자가 당뇨병으로 다리를 절단한 환자일 때도 있었다. 그런 날이면 병실 안의 공기조차 파랗게 질리고 아연 긴장하는 듯싶기도 했다. 한밤을 지새고 아침이 되면 병실 안은 탁한 공기로 가득 차 숨을 쉬기조차 힘들다. 죽어가는 사람들이 마셨다 내뱉은 공기라 그럴 것이다. 그런 병실 안에서 벗어나고 싶은데 쉽게 벗어날 길이 없다. 그래서 나는 주위 환경에는 아랑곳하지 않고 나만의 방법을 갖기로 했다. 글쓰기와 책읽기, 그리고 그림 그리기이다.
  환자용 침대의 밥상을 일으켜 세우고 동그마니 앉아서 무엇인가를 끝없이 썼다. 쓸 것이 없으면 이미 쓴 내용을 다시 정리하여 쓰기도 했다. 나는 혼자서 있을 때에도 무언가 일을 해야만 마음이 편안해지는 사람이다. 놀 줄을 모르고 쉴 줄을 모른다 할까. 자는 시간, 밥 먹는 시간을 제하고는 무언가를 끊임없이 꼼지락거리며 살았다. 병원에서라고 다를 까닭이 없었다. 까물대던 정신이 조금씩 깨어난 날은 3월 19일이다. 정신이 돌아오면서 가족들에게 제일 먼저 부탁한 말은 종이와 펜을 달라는 것이었다. 글을 써보고 싶은 욕구가 마음 속 깊은 곳으로부터 끓어오르고 있었다. 아픈사람이니 글을 쓰지 말라 하는 아이들에게 간청하다시피 해서 겨우 종이와 펜을 얻었다. 그날 나는 떨리는 손, 혼미한 정신으로 여러 편의 시를 썼다. 그것은 날짜로 쳐서 19일 만에 써본 글이었다. 우선적으로 마음이 뿌듯하고 기뻤다. 자신이 살아 있는 사람이라는 자각이 생겼다. 실상 가족들은 나의 글쓰기를 별로 탐탁하게 여기지 않았다. 특히, 아들아이가 그러했다. 병을 앓는 사람이 병 나을 생각이나 하면서 얌전히 지낼 일이지 글 쓰는 일에 에너지를 소비하는 일은 좋지 않다는 것이 그 아이의 생각이었다.

  그러나 내 생각은 달랐다. 글쓰기는 나에게 있어 단순한 글쓰기가 아니다. 그것은 생명의 행위 그 연소 과정이기도 한 일이다. 정말로 글쓰기가 나를 쓰러뜨렸다 해도 글쓰기를 통해서 나는 다시금 나를 일으켜 세워야만 했다. 그것이 순리요 바른 방법이었다. 글쓰기는 에너지의 방출 행위이기도 했지만 반대로 새롭게 에너지를 받아들이는 또 하나의 생명행위였다. 우리 시골 사람들 이야기에 '지네에 물린 사람은 지네를 잡아 그것을 태워서 먹임으로 지네의 독을 이긴다'는 말이 있다. 말하자면 독으로 독을 이기게 한다는 것인데 이것은 열로써 열을 다스림이요(이열치열以熱治熱), 중국 사람들 식으로 말하라면 이이제이以夷制夷가 되는 것이겠다. '땅에서 넘어진 자 땅을 딛고 일어나라'란 말이 있는데 그 말 또한 그런 범주일 것이다.

첫 번째로 시를 쓰고 난 이후, 나는 아예 대학노트를 구해달라 해서 거기에 날마다의 기록을 채워나갔다. 특별한 일이나 방문객 이름, 새로 쓴 시를 적어나갔다. 병원 생활을 마쳤을 때 나의 수중엔 빼곡하게 기록된 세 권의 대학노트가 남겨졌다. 병원 생활의 값진 유산인 셈이다. 거기에는 70편도 넘는 시가 적혀 있었다. 물론 혼미한 상태에서 나온 글이니 질적으로 보장되지 않는 글일 수도 있겠다. 하지만 나로선 귀한 자료요 지울 수 없는 한 시절 내 인생의 기록인 것이다. 이 시들이 나중에 나온 나의 시집에 들어갔음은 말할 것도 없겠다.

다음은 책 읽기다. 글이 써지지 않는 날은 책을 읽었다. 처음 생각으론 병원에 머무는 동안 맘먹고 『성경』을 일독하고 싶었으나 뜻대로 되어지지 않았다. 겨우 『신약』의 「4복음서」와 『구약』의 「전도서」를 읽는 데에 그쳤다. 그 밖에 읽은 책이 두 권이 있다. 하나는 괴테의 『이탈리아 여행』이란 책인데 이 책은 병원 지하 1층의 서점에서 구한 것이다. 그때는 수중에 핸드폰이며 지갑이며 카드도 없을 뿐더러 돈조차 없었을 때라서 아내한테 사 달라 졸라서 구한 책이다. 책을 사서 옆구리에 끼고 병실로 돌아오면서 기대에 찼던 마음을 잊을 수 없다. 책을 읽으며 괴테란 인물한테 완전히 굴복당하고 말았다. 참으로 천재란 이런 사람인 거구나 싶어 적이 놀라고 스스로가 많이 부끄러웠다. 다음으로 푸른길출판사 김선기 사장이 문병 오면서 가져다 준『지리교사들, 남미와 만나다』란 책이었다. 김 사장은 그 밖에도 두 권의 책을 더 가져다주었는데 특히, 위의 책이 구미에 당겼고 끝까지 읽을 수 있었다. 병실 안이었기에 낯선 땅으로의 여행기록은 싱싱한 꿈을 주었다. 상상의 나래를 달아주어 행복했다.

책을 읽으면서 집에 두고 온 몇 권의 책이 많이 그리웠다. 전영애 교수가 번역한『말테의 수기』, 금장태 교수의『퇴계의 삶과 철학』, 정민 교수의『한시 미학 산책』,『문심조룡文心雕龍』,『화안畵眼』등, 사다가 놓고 앞부분만 얼만큼씩 읽고 책장에 꽂아둔 책들이었다. 더구나 겨우내 머리맡에 놓아두고 잠들기 직전까지 읽었던『돌아올 수 없는 사막, 타클라마칸』이란 책을 계속 읽고 싶었다. 그 책은 병원에 올 즈음 거의 다 읽고 끝 부분만 몇 페이지 남겨둔 상태였다. 읽던 책을 마저 읽지 못하고 세상을 떠난다 생각하니 그것도 몹시 애달픈 일 중의 하나였다. 어떻게든 집으로 돌아가서 남은 부분을 읽고 싶었다.

그림그리기도 그렇다. 가까이 물감도 없고 별다른 그림 도구가 없으므로 그것은 겨우 복사지에 연필로 그리는 단순한 작업이었다. 대전 을지대학병원에 있을 때 시집 표지로 카네이션을 그린 일이 있었다. 서울아산병원으로 옮겨서는 병실 창밖으로 보이는 풍경을 여러 장 그렸다. 병실 안에서는 화분에 심겨진 양란을 그리고 병원 뜨락의 꽃들을 여러 장 그렸다. 그림 그리기는 나에게 집중력을 준다. 고통의 시간, 지루한 시간, 기다림의 시간에 그림 그리기에 마음을 모으다 보면 시간이 빨리 흘러갔고 그 시간만은 온갖 번잡과 고통으로부터 헤어날 수 있어서 좋았다. 그림 그리기는 마법을 가지고 있다. 사람을 꿈꾸게 하고 새로운 나라로 데리고 가는 그런 힘을 가지고 있다. 정녕 그것들이 나를 쓰러뜨린 것이 분명하다 해도 끝내는 그것들이 다시금 나를 일으켜 세웠음은 분명한 일이라 하겠다.

아래에 실리는 글은 서울초등문예연구회 회원 세 사람이 병실로 병문안 왔다가 자기네 홈페이지에 올린 글이다. 고마운 마음으로 여기에 옮겨 싣는다.

그 실은 멀리 갔던길/ 나태주 시인을 뵙고 와서
글쓴이 : 맑은 샘/ 글 쓴 날 : 2007. 7. 27

카드를 버리고 안경을 버리고
지갑과 휴대전화도 놓고
물론 구두도 벗고 옷도 벗고 맨몸으로
그 실은 조금은 멀리 갔었다
잔잔한 강물 같다고나 할까
어둠과 고요로움 속으로 쫓아올 수 없을 만큼
멀리 갔었다
코끼리 같은 미루나무 수풀 같은 검은 그림자가
지평선 위에 웅얼거렸지만
텀벙텀벙 물소리 같은 것은 나지 않았다
워낭소리 같은 것도 들리지 않았다
다만 고요의 심연이었다
뒤에서 두 아이가 애타게 부르고
아내가 목 놓아 불렀지만
아무런 소리도 아랑곳하지 않았다
다만 앞으로 앞으로만 나아갈 뿐
뒤돌아보는 일이 몹시도 힘겨웠다
다만 고요로웠다
이대로 계속해서 가면 되는 일이었다
오직 백 퍼센트의 부정과 불가능에 맞선 일 퍼센트의 기적
신의 보이지 않는 긍정과 선택이 나의 밤에 있었다.

― 나태주,「그 실은 멀리 갔던 길」전문

    대전에서 두 달 서울에서 두 달, 100여 일 동안 링거와 콧줄에 의지해 생명을 연장했던 시인은 이제 중환자실에서 6인용 일반병실로 옮겨와 어린아이처럼 작게 웅크리고 누워 계셨습니다. 주무시는가 싶어 가만히 옆에 섰으려니 사모님이 시인을 일으켜 앉히셨습니다. 우리를 알아보시고는 고맙다고 가만 웃으시더니 새 시집 세 권을 내어 이름을 써주셨습니다.

> 그냥 줍는 것이다
> 길거리나 사람들 사이에
> 버려진 채 빛나는
> 마음의 보석들.
>
> — 나태주, 「시」 전문

    자다가 눈을 뜨고 또 시를 쓰시고, 병실 창가에 기대어 창 너머 풍경을 스케치하시고, 부인과 손잡고 산책 나가 병원 뜨락의 꽃들을 그리시고…… 그렇게 사경을 헤매면서도 쓰신 시들이 이번 시집을 묶고 나서도 서른 편이 쌓였다고 시인의 아내는 안쓰러워하시며 또 그 힘으로 살아계신 거라며 고운 음성으로 나직이 시인의 시를 곁에서 외워주십니다.

"늘 많이 우시더니 오늘은 많이 웃으시네요. 와 주셔서 고마워요."

"나는 번역가야. 사람들이, 풀꽃들이 못다 한 이야기들을 대신 들려주는 것이지."

당신이 쓰신 시 「편지」(이해인 수녀님이 방금 다녀가셔서 드리려고 쓰셨답니다.)를 낭독해 들려주시고는 을랑님이 사가지고 간 화분을 만져보시며 그래서 보내주신다고 주소를 불러 달라 하십니다. 아아 환자복의 사진은 찍기는 어렵겠다 하고 두고 온 사진기를 원망하니 폰카로 찍으라 하십니다. 회복 후 사진을 아직 못 찍었다고 하시면서…… 시인의 시 강의가 막 시작되었는데 시간이 다 되어 병실에 들어간 우리를 관리인이 8시까지 방문시간이라며 나라가 합니다. 1시간 강의를 다 듣고 나서야(우리가 병문안을 갔던 것이 맞던가요?) 피곤하실 텐데 그만 쉬시라며 병실을 나왔습니다. 퇴원하여 공주로 돌아가시면 시와 그림과 이야기가 있는 『공주 산책』이란 책을 쓰실 거랍니다. 점점 더 싱싱해지시는 시인의 모습을 그리며 우리 모두 공주로 다시 가 남은 시 강의를 듣기로 하였습니다. 다음 기약을 위해 모두 기도해주실 거지요?

· 첨부/ 댓글 5개

오솔길
그 실은 멀리 갔던 길……, 이 시를 읽으면서 문학하시는 분은 병마와의 고통까지도 껴안고 아름다움으로 승화시키는구나, 라는 생각이 문득 듭니다. 시인님의 쾌유를 바라옵고…… 맑은샘도 푹 쉬셔서 더욱 맑아지시기를…….

답글/ 맑은 샘

을랑언니, 화분이랑 사진이랑 고맙습니다.

답글/ 이갈또 로따

아, 그 병실에 꽃이 있었네요. 맞는 분도 꽃이지요. 찾는 이도 꽃이구요. 3월 초순 초하룻날부터 5개월을 병마와 씨름하시더니……, 긴 꿈을 꾸셨구나. 글밭을 힘들게 가꾸셨구나. 다시 금강은 흐르고 시인의 시침도 힘차게 돌아가누나. 그의 시는 그래서 더 깊이 아름답게 울리리라.

답글/ 모령

아직 못다 흘리신 사랑의 눈물 있어 가실 수 없는 분이셨습니다. 어쩜 그토록 맑으실 수 있으신지……, 공주로 달려가 공북루 바람 속에서 「오빠 생각」을 다시 불러 볼 수 있는 날을 소망합니다.

답글/ 을랑

그토록 맑고 고우신데 그래도 병마는 찾아 왔었네요. 심술 부리러 왔다가 고운 영혼에 지고 물러났나 봐요. 언제까지나 영원하시길 기원해봅니다.

— 〈cafe.daum.net/ bacmee〉

병원 뜨락에서

서울아산병원은 병실이나 의료시설이 잘되어 있고 의료 수준이나 성의가 뛰어난 병원이다. 뿐더러 환자나 간병인을 위한 여러 가지 부대시설이 그런 대로 잘 갖추어진 병원이다. 병원 요소요소에 여러 가지 편의시설이 마련되어 있음은 물론이다. 그 가운데서도 내가 가장 좋아했고 애용했던 것은 병원의 정원이었다. 정원에는 커다란 인공호수가 만들어져 있고 분수대가 있다. 많은 나무와 꽃들이 심겨져 있다. 그 나무와 꽃들 사이로 여러 갈래의 오솔길이 나 있고 드문드문 나무로 된 벤치도 놓여 있다.

내가 병원의 정원을 찾기 시작한 것은 서울아산병원으로 옮긴 지 한 달가량 지난 뒤의 일이었다. 아직 주사를 끊지 않았을 때였으니까 링거주사용 약병을 매단 폴대를 밀고 나가곤 했을 것이다. 한 번 나가기 시작했더니 자꾸만 나가지게 되었다. 병원 뜨락에 서 있는 나무들은 종류가 여러 가지였다. 계수나무나 모감주나무 같은 경우는 처음 보는 나무였다. 꽃들은 종류가 더 많았다. 어떤 것은 우리나라의 것들이고 또 어떤 것들은 외래종도 있었다. 아무래도 샤스타데이지, 리아트리스, 물레나물(히드코데), 수크령 같은 것들은 외래종이지 싶었다.

나는 정원에 나가서 산책을 하거나 나무의자에 앉아 있는 시간도 좋아했지만 풀꽃을 그리는 것을 더 좋아했다. 내가 주로 그렸던 풀꽃은 비비추, 꼬리풀, 샤스타데이지, 리아트리스, 물레나물, 그리고 떡기나무로 탐라산수국 같은 꽃이었다. 병실 안은 한여름인데도 온도 조절이 아주 잘 되어 있어 상쾌하고 서늘하기조차 했다. 그러나 한두 차례 밖으로 나가 바깥 공기를 쐬어보니 오히려 바깥공기가 나에겐 더 좋았다. 비록 습기 차고 후끈한 공기였지만 그 공기 속에는 살아 있음의 기운이 들어 있었다. 폐부 깊숙이 들이마시면 향기롭기조차 했다. 나는 햇빛이 따갑게 비추는 한낮에도 자주 정원으로 나가 연필을 꼬나잡고 풀꽃 그림을 그렸다. 그림 한 장을 그리고 나면 얼마나 마음이 뿌듯하게 기쁜지 몰랐다. 그것은 하나의 성취의 기쁨이요 보람과 같은 것이었다.

그 시절 나의 그림 그리기는 단순한 그림 그리기가 아니었다. 그것은 나 스스로 살아 있는 목숨임을 자각하고 확인해 보는 생명현상 같은 것이었다. 병원 뜨락에서 풀꽃 그림을 그릴 때 나는 마음속으로 풀꽃들과 대화를 나누고 있었다고 보아야 옳을 것이다. '너도 살아서 기쁘냐? 나도 살아 있어 기쁘다.' 그건 혼자서 소리도 없이 마음속으로 주고받는 대화였지만(실은 독백) 살아 있음에 감사하고 그 생명의 감사를 함께 나누는 은밀한 교감의 시간이었다. 실로 병원 생활은 몸만 죽어있는 것이 아니라 마음까지도 죽어있는 시간이다. 지루하고 따분하다. 이렇게 죽어있는 시간을 일으켜 세우고 살려내는데 그림 그리기보다 더 좋은 방책은 달리 없었던 것이다.

병원 뜨락에 쭈그리고 앉아서 그림을 그리다 보면 머리꼭지나 등허리로 곧장 떨어지는 한여름 햇빛이 따가웠고 매미 소리 또한 귀에 따가울 정도였지만 그 무엇도 싫지만은 않았다. 처음엔 한두 마리 찌륵 찌르륵 서툴게 발성연습을 하던 매미들이었다. 며칠 지나다 보니 아주 많은 매미들이 떼를 지어 울기 시작하는 것이었다. 나무마다 매미 소리들이 주렁주렁 열매처럼 열린 것 같았다. 짜르르, 수줍게 우는 놈이 있는가 하면 따르르, 신경질적으로 우는 놈이 있고 왕왕, 서럽게 울음을 퍼질러 놓는 놈도 있고 나중에는 쓰르람 쓰르람, 구성진 목청으로 능청스럽게 우는 놈도 있었다. 매미들은 울음 경쟁이라도 하는 듯싶었다. 귀가 따가울 지경이었다. 번번이 나는 하늘 위로 매미들이 풀어놓는 소리의 강물이 파랗게 번져서 흘러간다고 생각하곤 했다. 나중에는 그림 그리는 것도 좋지만 매미울음 소리를 듣기 위해 병원의 정원을 찾곤 했다.

병원 뜨락에서 또 기억나는 것은 아내와 함께 보낸 시간들이다. 아내와 나는 자주 병원 뜨락으로 나가 산책을 했고 나무 벤치에 앉아 이야기를 나누었다. 이야기래야 날마다 하는 고만고만한 화제들이고 딱히 해답도 없는 얘기들이었다. 그래도 그렇게 이야기를 나누고 나면 마음속이 조금은 후련해지는 것 같았다. 병원 생활이 늘어지면서 아내가 더 힘들어하고 지쳐 있었다. 정원의 벤치에 앉아 있을 때에도 아내는 자주 내 무릎을 베고 눕곤 했다.

"여보, 이렇게 병원에서 보내는 날들도 우리로서는 귀중한 인생의 한 토막이고 나중엔 그리워질지도 몰라요."

내가 말해주면 아내는 긍정도 부정도 하지 않고 그냥 듣고 있기만 했다. 어떤 때는 환자용 휠체어에 아내를 태워 밀고 다니는 날도 있었다. 숨쉬기조차 힘들어하는 아내를 위로해줄 방도가 그런 것 말고는 내게 달리 없었던 것이다. 그렇게 정원을 한 바퀴 돌다 보면 여기저기 벤치에 앉아 있던 환자나 환자 가족들이 우리 두 사람을 보고 웃어주었다. 환자와 보호자가 거꾸로 되었다 싶어 그랬을 것이다. 그러나 정말로 그 당시 아내는 나보다 심각한 환자였다. 나는 병원의 의사나 간호사들이 보살펴주는 환자였지만 아내는 그 누구도 돌보아주지 않는 환자였던 것이다.

날마다 오후 7시 10분이면 어김없이 병원의 뜨락에 불이 밝혀지곤 했다. 높이 솟은 가로등의 불이 켜지기도 했지만 정원의 바닥 가까이 설치해놓은 키 작은 전등에도 불이 켜졌다. 그렇게 불이 켜지면 병원의 뜨락은 또 다른 풍경으로 바뀌곤 했다. 이제까지의 모습이나 분위기와는 달리 꿈속같이 으슥하고 이국 풍경같이 낯선 분위기가 되는 것이었다. 그래도 매미들은 여전히 시끄럽다 싶을 정도로 울음을 계속하고 있었다. 아내와 나는 병실로 들어가는 시간을 최대한 미루면서 벤치에 오래 오래 앉아서 매미울음에 전신을 맡기곤 했었다. 그럴 때는 서로 주고받는 말도 없었다. 어쩌면 우리의 몸과 맘은 매미 울음소리의 강물에 떠서 멀리까지 아지 못할 곳으로 흘러가고 있었는지 모를 일이었다. 아무래도 그 시절 우리는 가볍고 가벼운 매미울음 한 소절이었을 것만 같다.

끝까지 지켜준 사람들

'날이 추워져 다른 나무들이 시든 다음에야 비로소 소나무 잣나무가 여전히 푸르다는 것을 알게 된다歲寒然後 知松柏之後凋也.'
이것은 공자의 말씀으로 『논어』(자한편子罕篇)에 나오는 글이고 추사 김정희 선생의 이름난 그림,「세한도歲寒圖」 발문跋文에도 인용된 문장이다. 사람은 보통 때는 그 사람 됨됨이를 잘 알 수 없다. 그 사람이 비로소 곤란한 처지를 당해 보아야 그 사람의 진면목이 드러나게 된다. 어떻게 살았는가, 어떤 사람들과 어울려 살았는가 하는 것을 알게 된다. 그런 때에 진정으로 정확한 인생의 평가표가 나온다는 말이겠다.

이러한 좋은 글귀와 나의 인생을 비교하기는 감히 주저되는 일이긴 하지만 이번에 내가 아팠을 때 진정으로 나를 위해 몸을 던져 애를 써준 분들이 너무나 많기에 한 번 떠올려 보았다. 그것은 고마움을 넘어선 고마움이었다. 산같이 커다란 빚을 졌다는 생각이다. 인생의 중간결산치고는 확실하게 했다는 생각이기도 하다. 소식을 전해 듣고 목 놓아 울었다는 사람이 여럿이고 중환자실로 찾아와 정신이 들었다 나갔다 하는 나를 위해 눈물 뿌린 이웃들이 참 많다. 기도해준 사람은 또 얼마나 많은가. 우선 내가 다니는 공주중앙장로교회의 전체 교인들이 들고 일어나 21일간 날을 정하여 입을 모아 소리 높여 내 이름을 불러 통성으로 기도를 했다고 들었다. 뿐만 아니다. 교회에서 일을 맡은 분들이 여러 차례 찾아와 기도와 찬송과 예배를 아끼지 않았다. 우선, 당회장 전갑재 목사는 중환자실에 있을 때 사모님과 함께 오시어 이렇게 기도해 주시었다.

"아직 할 일이 많이 남았으니 꺼져가는 생명을 살려, 하나님의 영광을 드러내는 아름다운 시를 많이 남기게 하여 주십시오.…… 살아계신 하나님의 기적을 체험하고 이 병실 문을 박차고 나오게 해주십시오."

혼미한 정신 중에도 나에게는 '살아계신 하나님의 기적을 체험하라'는 말씀이 특별히 육신의 고통을 이길 수 있는 귀중한 영혼의 응원이 되어주었다. 전갑재 목사는 「하나님을 체험한 사람」이란 칼럼에서 이렇게 쓰고 있다.

    우리 성도들은 새벽마다 부르짖어 기도했다. 한 영혼에 대한 열기는 대단했다. 병원 측에서는 1퍼센트의 희망도 걸지 않는 모양이다. 소식을 접한 시인협회는 발칵 뒤집힌 모양이다. 시인협회에서 장례를 주관하겠다고 하니 기독교식으로 먼저 하고 시인협회에 나중에 맡기겠다는 것까지 가족들과 상의가 되었다. 그러나 기적이 일어났다. 입원한지 13일 만에 염증수치, 황달수치, 췌장수치, 백혈구수치가 좋아지기 시작한 것이다. 그리고 하루가 지난 후, 주치의 김안나 교수가 찾아와 "선생님 옛날 모습으로 돌아갈 수 있습니다."라고 말했다고 한다. 아멘, 할렐루야! 무덤 속에서 나사로가 살아나온 것과 같은 기적이다. 며칠 전 다시 심방 갔을 때 나태주 집사님은 노트에 무언가를 적고 있었고 우리는 승강기까지 배웅을 받았다.

— 전갑재, 〈공주 아름다운 사람들〉, 2007년 4월호

우리 구역을 담당한 안명환 전도사의 기도와 말씀이 또 많은 도움이 되었다. 박금희, 조중선 두 분 권사의 진정 어린 기도가 가슴에 와 닿았다. 같은 교회 신도인 유계자 집사 같은 이는 나한테 두 학기 문학 공부를 했다는 인연으로 찾아올 때마다 내 맨발을 쓸어안고 울면서 기도를 해주었다. 어찌 그 감격과 정성을 잊을 수 있으랴.

맨발 이야기가 나왔으니 생각나는 문병객이 또 있다. 권선옥 시인과 그의 부인이다. 권선옥 시인은 나하고는 오랜 문학의 이웃이다. 구재기 시인이랑 함께 40년 가까운 연륜을 지닌 문학의 지기이다. 내가 중환자실에서 나와 2인 병실에 들어 있을 때, 그러니까 면회가 사절되어 있었을 때, 부인과 함께 면회를 왔던 모양이었다. 내 얼굴도 보지 못하고 돌아가야 한다고 하니 마음이 착잡했을 것이다. 하도 섭섭한 마음이 들어 나의 병실 앞에서 오래 서성이다가 열려진 병실 문으로 안을 기웃이 들여다보았다 한다. 그런데 침대 밖으로 내 맨발 하나가 삐죽이 나와 있더란다. 그래 권선옥 시인과 부인은 '저 발도 이제 마지막으로 보는구나' 싶어 애달픈 마음이 들었다고 한다. 그리고 얼마 뒤 상태가 좋아져 권선옥 시인 부부와 논산의 윤문자 시인, 김선우 이사장이 함께 와 그 이야기를 하면서 감회에 젖은 바가 있었다. 그날 밤 권선옥 시인 부인은 간절한 마음으로 방언기도를 해주었다.

아무래도 내가 아파서 많이 애를 태운 사람들은 내가 근무

하는 학교의 교직원들이었을 것이다. 교장으로 있는 사람이 새 학기 첫날에 병원으로 실려가 죽을락 살락 하니 그걸 바라보는 심정이 오죽이나 심란했을까. 게다가 병원에 입원한 지 1주일쯤 지나 정말로 죽는다고 하여 장례위원회까지 조직하고 학교 운동장에서 영결식을 갖기로 했을 뿐더러 각자 책임 부서까지 나누어 맡았다니 반은 장사를 치른 기분이었을 것이다. 교직원 가운데서도 가장 마음고생이 심했던 사람은 김동옥 교감이다. 6개월 간 교장직무대행을 하면서 교장 없는 학교를 꾸려 갔으니 여간 힘든 날들이 아니었을 것이다. 김 교감은 1주일에도 몇 차례씩 병원을 찾아와 환자의 상태를 살피고 학교의 중요한 일을 전해주곤 했다. 그는 인성이 참으로 어질고 지혜롭고 참을성이 많은 사람이다. 속내가 깊은 인물이다. 그런 교감이 있었기에 내가 정년 때까지 병석에 누워서도 자리가 유지되었고 정년퇴임도 무사히 맞을 수 있었다고 본다. 나로선 형제보다 더 고마운 사람이 아닐 수 없겠다.

김 교감 말고도 학교 교직원들, 나 한 사람 때문에 여러 차례 병원을 찾아오고 걱정하며 마음 써 준 일 어찌 한 두 가지랴. 내가 교직생애 막판에 운이 없어 비록 호된 병고를 치르기는 했지만 학교와 교직원 문제에 관한 한은 운이 매우 좋았다 할 것이다. 여기에 교직원들 한 사람 한 사람 이름을 적을 일은 아니지만 내 마음 속에 감사함으로 새겨두고자 한다. 권성진 교사 같은 이는 어느 날 병원을 다녀와 김동옥 교감에게 '나, 절에도 안 다니고 교회에도 안 나가지만 우리 교장 선생님 위해 오늘부터 기도를 해야겠다.'는 말을 했다는데 그런 마음들이 나를 끝내 세상을 쉽게 버리지 못하게 만들었다고 생각한다.

그리고 문인들과 교직 동료들, 친지들의 도움이 컸다. 한결같은 마음으로 걱정해주고 꺼져 가는 한 사람의 목숨의 등잔에 기름을 보태주고 싶어 했다. 공주나 대전, 서울을 비롯한 전국의 문인들과 교원과 친지들. 미국의 문우들. 그리고 먼 기억의 제자들. 〈새여울〉 동인들. 〈금강시마을〉 회원들. 공주문화원 5형제. 한국시인협회 회원들. 충남시인협회 회원들. 이름을 기억하기에 버거울 지경이다. 그 모두를 적기 어려워 충남과 대전 지역 문인이나 교원, 친지들 이름은 가슴에 묻어 간직하기로 하고 멀리서 찾아와 준 몇 분들만 여기에 적어보기로 한다. 대구의 문인수, 이옥진 시인, 목포의 허형만 시인, 광주의 이은봉 시인, 창녕의 배한봉 시인, 서울의 김남조 선생을 비롯해서 오세영, 이건청, 김소엽, 유재영, 이준관, 이명수, 임성조, 박주택, 최영규, 임석순, 윤효, 허근, 조영순, 윤현조, 이은채, 이제인, 정순옥 시인, 송영호 사장, 김창일 편집장, 그리고 김정운 시인, 박명숙 소설가, 문학사상사의 정종화 팀장, 계수나무출판사의 위정현 사장, 푸른길출판사의 김선기 사장, 이교혜 실장, 〈산사랑〉의 손소희 기자, 서울초등문예창작연구회의 박은희, 박정순, 신정화, 한인숙 교사, 월남 파병 동기인 권희명, 이충배 두 친우, 그리고 김정남, 노해연, 이정은 님 같은 지인들, 강릉의 권순인, 심재칠 시인 같은 이들은 위기의 날에 멀리서 온 내게는 잊을 수 없는 이름들이다.

그리고 제자들도 여럿 있었다. 경기도 군남국민학교 제자로 강은진, 강정복, 김경순, 김유호, 송복자, 이광필, 임재삼,

조정옥 등. 충남 마산국민학교 제자들인 박병수, 박연수, 박찬수, 양금숙, 이병구, 이숙이, 최홍락 등. 그리고 경기 전곡 국민학교 제자인 김성림. 공주교대 부속국민학교 제자인 이동원, 이석원, 임형진, 최경숙. 서울아산병원 인턴인 오민영, 조정현 닥터. 이들이야말로 내 생애 마지막 날, 어둑어둑해지는 저녁하늘에 뜬 빛나는 별들이고 향기로운 꽃들이었다. 더러는 꼭 올 만한 인물인데 끝내 찾아오지 않은 사람들에게 유감스런 마음이 있을 수도 있겠으나 나는 그런 사람 이름을 기억하기보다는 나를 위해 두 번 세 번 병실로 어려운 발걸음을 해준 이들을 고마운 마음으로 기억하고 싶다.

  다같이 고마운 이름들이지만 그 가운데에서도 애를 많이 쓴 이름들이 있었다. 구재기 시인과 권선옥 시인은 충남지역의 대표시인으로, 김상현 시인은 장례위원회집행위원장으로 수고를 많이 했다. 박정란 수필가는 같은 아파트에 사는 이로서 내가 급박한 상황에 이르러 아내가 심하게 흔들리자 곁에서 아내를 붙잡아주고 따스하게 보살펴주며 성의를 다해 위로를 해주었다. 오세영 교수는 시인협회 회장으로 심의위원장인 내 장례를 치르는 줄 알고 노심초사했고 이건청 교수는 나의 조시弔詩를 미리 쓰기도 했다고 나중에 들었다. 내가 앓고 있는 동안 기독교 계통의 인사들이 많이 찾아와 기도해 주었는데 이 또한 특별한 일이라 하겠다. 전갑재 목사, 서규광 목사, 안명환 전도사, 이익로 목사, 손종호 목사, 선정주 목사, 김태기 장로 등이다. 그리고 이상철 목사, 양전순 목사, 나명주 장로는 가까운 인척이 되는 분들이기도 하다. 뿐이 아니다. 이해인 수녀나 김정식 가수도 교파를 넘어서 기도해준 분이고 서울의 김재홍 교수는 송영호 씨를 통해 뜨거운 마음의 성원을 아끼지 않았다. 이 같은 친지와 이웃들이 죽어가는 나를 에워싸고 걱정을 하고 기도해 주었다는 사실을 생각하면 지금도 눈물겨워진다.

아마도 그것은 대전 을지대학병원에서 정신이 아직도 혼미할 때일 것이다. 화장실 변기에 앉아있는데 핸드폰으로 전화가 왔다 해서 받아보니 공주대학교의 조동길 교수 부인인 이성인 선생이었다. 이성인 선생은 내가 평교사 시절 공주 호계국민학교에서 동직원으로 근무했던 분이기도 하다. 어찌 전화를 다 주셨을까? 흐릿한 정신으로나마 나는 이성인 선생이 그 때 남편인 조동길 교수의 안식년을 맞아 국내에 있지 않고 호주에 가 있다는 것을 알고 있었는데 의외였다. 나중에 들으니 공주의 박정란 여사가 이메일로 호주에 가 있는 조동길 교수에게 소식을 보내어 깜짝 놀란 이성인 선생이 국제전화를 했다는 것이다. 무던히도 마음 조리던 끝에 전화를 했노란 얘기를 나중에 조 교수가 귀국한 뒤에 들었다. 이런 주위 분들의 사심 없는 염려와 기도가 결국은 하나님께 까지 전달되었다고 나는 믿는다.

또한 공주의 유준화 시인 같은 이는 내가 공주를 비우고 살던 6개월 동안 나의 우편물을 받아 간직하고 정리하는 수고를 하기도 했다. 특별한 경우이긴 하지만 우리 학교 졸업생 앨범 관계로 알게 된 공주시내 한 사진관의 오연홍 사장 같은 이는 두 차례나 동부인하여 병원에 찾아와 위로해주며 나더러 절대로 죽지 않을 테니 걱정 말라고 말해주기도 했다. 자기가 사진관을 오래 해서 사람 얼굴을 많이 보아왔지만 자기가 보기론 그리 쉽게 죽을 얼굴이 아니라는 것이었다. 그냥 듣고 흘릴 말일지라도 몸을 부리고 앓고 있는 사람으로선 너무도 위로가 되는 말씀이라 두고두고 감사한 마음이다.

그렇지만 더더욱 마음을 조렸던 이들은 아무래도 가족들이라 하겠다. 고향에 계신 부모님. 숙부님들. 숙모님들. 두 아우와 세 누이들. 그들의 배우자들. 다같이 절망스런 마음이 많았을 것이다. 그래도 끝까지 내 곁을 지키고 떠나지 않은 가족은 아내와 두 아이다. 불퇴전不退轉의 의지로 병든 지아비의 침대를 6개월간 지켜준 아내의 공로에 대해선 다시금 언급할 일도 아니다. 하지만, 특별히 나를 끝까지 지켜준 사람이 몇 있어 여기에 기록하여 그 고마움을 표하고자 한다.

막냇누이(향란)와 막내 처제(김승례), 그리고 둘째이모(김동숙)의 보살핌을 잊을 수 없다. 그들은 모두 서울에 사는 분들로서 우리가 서울로 병원을 옮겼을 때, 참으로 막막했을 때, 도움을 준 분들이기에 더욱 그러하다. 막냇누이는 일단 대전의 병원에서 오해가 풀리고 나자 우리가 서울로 옮긴다는 말을 듣고 자청하고 나서서 아내의 병원 생활 식사를 전담하여 해결해주다시피 했다. 그녀는 가족과 형제를 대표하여 1주일에 두 차례씩, 세 차례씩 밥과 반찬을 만들어 제공해 주었다. 그리고 병원의 변화무쌍한 소식들을 티내지 않게 고향의 부모님과 형제들에게 물어 날라다 주는 선한 소식통 역할을 맡았다. 막냇누이는 독실한 불교신자이다. 우리한테 오기 전 자기가 다니는 절에 찾아가 108배를 드린다 했다. 그리고는 그 더운 날씨 속에 걷기도 하고 버스나 전철을 타기도 하면서 무던히도 고생을 했으니 그녀의 물심양면의 지원을 잊을 수 없다.

막냇누이에 이어 막내 처제의 공로가 또한 컸다. 자기 언니인 나의 아내를 친정엄마처럼 따르고 존경하는 사람이다. 내가 만약 잘못되었을 때를 가상하여 자기 언니를 모시고 살겠다고까지 말하는 마음씨 착한 사람이다. 동서 되는 이도 선량한 사람이어서 그럴 경우 충분히 도와줄 수 있는 사람이다. 간헐적으로 별식을 만들어 언니에게 가져다주곤 했다. 오랜 병원 생활로 지친 체력을 보완해주어야 한다는 것이었다. 주로 영양이 풍부한 반찬 종류나 유유제품을 여러 차례 가져와 큰 도움을 주었다. 그리고 둘째이모는 어머니의 사촌동생이 되는데 우리의 처지와 형편을 안쓰럽게 여겨, 여러 차례 찬거리를 만들어다 주었다. 당신의 몸도 건강한 편이 못되면서 더운 날씨 속에 고생을 하시었다.

더하여, 공주사범학교 여자 동창들의 도움을 여기 기록하지 않을 수 없다. 구남웅, 신대철, 이환주 교장, 김동현 변호사(실은 큰누이의 남편, 매제)와 같은 남자 동창들의 염려도 컸었지만 몇 분 나를 끝까지 도와준 여자 동창들이 있다. 젊은 시절이었더라면 상상하기조차 어려운 일인데 나이를 먹다 보니 남녀 간의 벽이 허물어지고 오로지 인간적인 것만 남아서 그런 스스럼없는 관계가 이루어지지 않았나 싶다. 대전의 병원에 있을 때 두 사람의 여자 동창이 찾아준 일이 있었다. 신옥섭 선생과 윤석애 선생. 동창 커플인 이환주 교장 부부의 안내로였다.

두 사람은 서울에 사는 사람들인데 오래전 교직에서 물러나 이제는 가정생활만 하는 동창들이다. 서울아산병원으로 옮긴 뒤에도 그들은 나를 찾아주었다. 한두 차례가 아니다. 열 번은 족히 찾아왔을 것이다. 와서는 나의 맨발을 주물러

주기도 하고 울면서 찬송가를 불러주기도 하고 간절히 기도를 해주기도 했다. 남자 동창의 맨발을 여자 동창들이 주물러준다는 것은 보통 때 같으면 불가능한 일일 것이다. 그러나 워낙 사태가 심각하고 급박하다 보니 그런 비상수단까지 동원되었을 것이다. 여성들의 모성본능이 발동하여 안쓰러운 마음으로 그랬을 것이지 싶다.

윤석애 선생은 자기가 살고있는 집 가까이 몽촌토성이 있고, 거기 공원이 있는데 한창 씀바귀 조그맣고 샛노랑 꽃들이 엄청 많이 피어 바람에 물결을 이루며 나부끼는 것이 아주 보기 좋으니 얼른 병이 나아서 함께 산책해 보자고 말해주기도 했다. 그리고 신옥섭 선생은 고등학교 2학년 때 내가 자기네 고향집을 찾아왔던 일을 기억하면서 그 시절 적어주었다는 「진달래」란 시를 베껴다가 도로 나에게 읽어주기도 했다. 모두가 어떻게 하든 나를 위로해주고 기쁘게 해주고 싶어서 한 일들이었을 것이다. 그 두 사람은 올 때마다 빈손으로 오지 않고 무언가 먹을거리를 가지고 오기도 했다. 반찬 종류, 떡 종류, 어떤 때는 죽을 쑤어다 주어 환자인 내가 요긴하게 먹기도 했다.

서울 문인들 가운데서도 내가 퇴원하는 날까지 신경을 곤두세워 지켜 보아주면서 걱정해준 분들이 많았다. 그 가운데에서 특히, 또래 시인인 이준관 시인의 나에 대한 일편단심은 일방으로 받기에 민망할 정도였다. 수시로 전화 걸어 병세를 점검했고 또 여러 가지 도움말을 아끼지 않았다. 또 뜬금없이 퇴근길에 찾아와 한참씩 내 침대 머리를 지켜주다가 돌아가곤 했다. 나는 자기한테 해준 일이 별로 없는데 이준관 시인이 나에게 보여준 마음의 성원은 보통의 것이 아니었다. 정금같이 빛나고 수정같이 투명한 우정의 발로였다고 나 할까. 결국 나는 이 같은 분들의 사심 없는 뜨거운 성원과 염려와 사랑과 기도의 힘으로 질긴 질병의 사슬을 끊을 수 있었던 것이다. 퇴원하고 집에 왔을 때 많은 사람들이 찾아와 위문해 주었지만 그 가운데 감사하기론 공주사범 동창인 천안의 윤상원, 홍용표 친우와 고향 서천의 조순희 서천군의회 의원, 서천군 직원 오천환 계장 같은 분의 위로가 오래 기억에 남는다.

을지대학병원에서부터 줄곧 관심을 갖고 돌보아준 김찬 교수 같은 이는 퇴원이 가까운 어느 날, 서울아산병원으로 찾아와 이렇게 말해주었다. 그것은 내 병원 생활에 대한 총체적인 평가나 마찬가지인 말이었다.

"처음 선생님의 상황은 매우 좋지 않았습니다. 그러나 주변 환경이 좋았습니다. 약이 좋았고 의사를 잘 만났고 가족들 간호가 지극했고 주위사람들의 도움이 컸습니다. 환자 본인이 살고자 하는 의지가 강했던 것도 한 도움이었습니다. 이런 모든 것들이 종합적으로 작용하여 불가능한 일을 가능한 일로 바뀌게 했습니다. 말하자면 공동선共同善을 이루게 된 것이지요."

끝으로 오랜 세월 사귀어오면서 시의 선배이기도 한 이건청 시인이 나를 위해 썼다는 조시 한편이 있다 하기에 달라 하여 고마운 마음과 함께 여기에 수록하여 기념하고자 한다. 나는 이렇게 살아서 나의 조시를 읽는 사람이 되었다.

2007. 7. 26

햇살 밝은 양지엔 언제나 당신이 있습니다
— 나태주 시인 영전에

이건청

도대체 이게 될 법이나 한 일입니까.
조시라니요, 이건 당치도 않고 천부당만부당입니다.
나형, 나태주 형 이건 분명 무슨 착오이겠습니다.
충남 서천군 기산면 막동리, 나형 그 주소지는
내게 있어 삼십 몇 년을 그냥, 양지인데 햇살 따사로운 대나무 숲인데
한국 정통 서정시의 물꼬를 한 창이나 더터 주어야할 사람인데,
한국시 감성의 폭과 깊이를 앞장서서 이끌어주어야 할 사람인데,
나 형 앞에 조시라니 이건 천부당만부당입니다.

'바람은 구름을 몰고/ 구름은 생각을 몰고/
다시 생각은 대숲을 몰고/대숲아래 내 마음은 낙엽을 본다.*'
신춘문예 당선시 같지 않던 나 형의 그 시가
가슴에 와 박히던 그 때는 1971년이었군요.
그때 나는 생각했었습니다. 사람 마음을
이처럼 안온하게 만들어주는 힘센 서정시도 있구나,

그렇습니다. 나태주, 당신의 시는 힘이 센 서정시였습니다.
기억을 더듬으니 그게 그러니까 1976년 1월이었습니다.
사람을 이처럼 안온하게 만들어주는
힘센 서정시를 쓰는 시인을 찾아 내가
무작정 '서천군 기산면 막동리'를 찾은 적이 있었습니다.
전화도 전보도 어렵던 시절,
군산에서 장항행 도항선을 탔습니다. 그리고 시골버스에서 내려
논둑길 밭둑길을 물어물어 저물녘 나 형 집에 닿은 적이 있었습니다.
대나무에 둘러싸인 조그만 초가집, 그 방에서 하루를 등 붙이고 누워
한국 시문학사에 선연한 의미 공간으로 떠오른
그 집에서 감격에 겨운 잠을 잔 적이 있었습니다.

요즘 한국 시단엔 의리도 인정도 메마른 것 같다고 말들을 합니다.
공리와 타산이 앞서 있는 한심한 세태라고 말들을 합니다.
그러나, 충청도에 나태주 당신이 있어 세상사는 일이
유정하기도 한 것이 되곤 했습니다.
나태주, 당신은 사람 사는 일의 의리와 인정, 그 자체인 사람이었습니다.
평생, 교단을 지키며 지순한 것들을 귀한 가치로 일러
사도의 복판을 지킨 사람, 그런 당신의 푸진 감성이
천성의 언어로 나타난 것이 당신의 시였습니다.
나태주 당신이 있어 늘, 마음 한 켠이 밝아지곤 했습니다.
당신은 언제나 훈풍이고 햇살 밝은 양지였습니다.

나 형, 작년에 보내준『나태주 시전집』을 읽으면서
한국시의 깊이와 넓이가 참으로 장대하구나, 생각한 적이
있었습니다.
나 형의 인터넷 홈 페이지를 들여다보고 거기 들끓는 댓글
들을 보며
나태주 신도들이 참 방대하구나, 놀란 적도 있습니다.

나태주 형, 우리가 전화 통화를 했던 게 지난 3월 2일이었습
니다.
목월문학포럼에서 목월 선생 기일을 맞아 열기로 된
추모모임 행사에 목월 선생을 회고하는 얘기를 좀 해달라고,
시간이 나겠느냐고, 괜찮겠느냐고 제가 전화를 했었습니다.
'올라가지요. 올라가서 뵙지요' 선선히 응낙해줘서
3월 22일 추모 행사 프로그램을 만들었습니다.
'나태주' 그 이름 선연한 프로그램 말입니다.

나 형, 이게 될 법이나 한 일입니까
조시라니요, 이건 천부당만부당입니다.
나태주 형, 당신은 현대시사에 확연한 이름으로 살아
늘, 햇살 드는 따뜻한 양지를 키우고 있을 것입니다.
나태주의 피와 살과 뼈가 24권의 시집 속에 언제나 살아
있어서
세상의 비와 바람과 햇살을 부를 것입니다.
조시라니요, 이건 천부당만부당입니다.

올무에 걸렸으나

어느덧 나의 병원 생활이 반년 가까이 지나가고 있었다. 그동안 퇴원 이야기가 전혀 없었던 것도 아니었다. 식사를 하기 시작하고 주사를 끊고 알약을 입으로 넘기기 시작하면서 웬만하면 퇴원하여 가정에서 자가 치료를 해도 좋지 않겠느냐는 의견이 있었다. 그래서 며칠 후 퇴원을 적극적으로 고려해 보자는 말이 몇 차례 오가기도 했다. 그러나 정작 퇴원하기로 약속한 날이 가까워지면 나의 몸에 미묘한 변화가 일어나는 것이었다. 예를 들면 염증 수치 같은 경우, 8이나 9이던 것이 20에 육박하도록 올라버리고 마는 것이었다. 이렇게 되면 의료진도 긴장하게 되고 퇴원 이야기는 물거품으로 돌아가고 말아버린다. 그런 숨바꼭질 같은 일이 8월 1일경부터 시작하여 퇴원날인 8월 20일까지 계속되었다. 그건 또 하나의 위기상황이었다. 앞으로 나갈 수도 뒤로 물러설 수도 없는 질곡桎梏 같은 것이었다. 내가 꼭 올무에 걸린 한 마리 산짐승이 아닌가 생각될 지경이었다.

그러나 아들아이의 의견은 달랐다. 될수록 병원에 오래 머물러 있어야 한다는 것이었다. 그래서 몸의 상태가 어느 정도 확실하게 좋아진 뒤에 퇴원해야 한다는 생각이었다. 언제든 분명 좋아지는 날이 있을 것이란 믿음을 그 아이는 결코 버리지 않고 있었다. 가끔 아들아이는 토요일에 서울의 병원으로 와 나하고 함께 지내다가 일요일 오후나 월요일 아침 시간에 직장이 있는 대전으로 내려가기도 했다. 돌아갈 때는 빨랫감이며 책, 온갖 잡동사니를 넣은 배낭을 지고 갔다. 그 뒷모습이 꼭 야영훈련을 마치고 돌아가는 병사 같이만 보여 미안스럽기도 하고 또 믿음직스럽기도 하여 오랫동안 혼자서 병원 뜨락에 서서 바라보곤 했다. 들판에 홀로 서서 쓰러지기 일보 직전인 늙은 나무같이 된 나로서는 믿고 의지하고 도움을 청할 최후의 일인이 아들 아이였던 것이다.

어느 토요일, 대전에서 올라온 아들아이는 누런 대봉투 하나를 내밀었다. 꺼내어 보니 A4 복사용지 한 묶음이 들어있었다. 거기엔 이런 문장들이 가득히 나열되어 있었다. 한 줄로 쓴 것들인데 그 문장들이 되풀이해서 인쇄되어 있었다.
'나는 나을 수 있다. 나는 낫고 있다. 나는 낫는다. 내가 내 인생의 주인이다. 나는 당당히 병을 이긴다.'
"이게 뭐냐?"
"아버지가 하도 감정적으로 출렁대니까 제가 만들어온 거예요."
"이걸 어쩌라는 건데?"
"하루에 몇 장씩 시간이 있을 때마다 문장을 소리 내어 읽으면서 연필로 밑줄을 그으세요. 그러면 도움이 될 거예요."
그것은 자성예언의 유도요 심리치료 방법의 하나같은 것이기도 했다.
"알았다, 알았어. 내 그렇게 해보도록 하마."
무슨 일이든 시작이 있으면 끝이 있게 마련이다. 그토록 끈질기게 나를 붙잡고 놓아주지 않던 염증 수치와 백혈구 수치가 눈에 띄게 떨어지고 있었다. 8월 17일, 다시 이성구 교수로부터 퇴원 준비에 대한 지시가 있었다. 몇 차례만 더 혈액검사를 해보고 결과가 나쁘지 않으면 퇴원해도 좋다는 것이었다. 퇴원이 예정된 20일의 이른 아침. 혈액채취사가 혈액을 채취해 가지고 간 뒤 나는 엎드린 거북이같이 고요한 마음으로 기다리고 있었다. 왠지 크게 긴장되지도 않았다. 10시가 못 되어 서둘러 혈액검사 결과가 나왔다. 백혈구수치 10,600. 염증수치 0.96. 안정된 수치였다.

이제는 정말 병원을 벗어날 수 있게 되었다. 퇴원하여 공주의 집으로 돌아가 살 수 있게 되었다. 아무렇지도 않은 일처럼 새날이 밝아오고 하루해가 또 아무 일도 없이 평화롭게 저물고, 그리하여 적막한 저녁이 돌아오는 일상은 얼마나 다행스런 일이요 그것 자체가 얼마나 좋은 행복이겠는가. 그 일상 속으로 내가 돌아가게 된 것이었다. 나는 오랫동안 인간이 아니었다. 다만 한 사람 환자였다. 파랑색 비닐팔찌에 새겨진 환자번호 '35011316'으로 관리되던 그 무엇이었다. 온갖 약물과 검사와 수치에 의해 조정되는 물질적 존재였다. 그 오랜 굴레를 벗고 해방이 되는 것이었다. 많이도 힘겨워하던 아내에게도 병실을 떠날 수 있는 자유를 선물할 수 있었다. 이제 해방이다, 해방. 아내도 이제 해방이다! 드디어 왼쪽 팔목에 채워진 비닐팔찌를 잘랐다. 입원하던 날 아들아이가 그렇게 애타게 노력해서 구해다 채워주었던 바로 그 입원 환자용 비닐팔찌였다.

나는 열 번이라도 나의 침대에게 절을 하고 싶었다. 간호사나 의사들 한 사람 한 사람에게 인사를 드리고 싶었다. 아니다. 될수록 빨리 그들 앞을 도망치고 싶었다. 그 얼마나 다행스럽고 기쁜 일이었던가. 만세, 만세다.

'하나님, 올무에서 풀려날 수 있게 해주시어 감사합니다. 고맙습니다. 살려주시어 너무나 감사합니다.'

이런 과정에서 나는 다음과 같은 시를 쓰기도 했다.

> 너무 멀리까지는 가지 말아라
> 사랑아
>
> 모습 보이는 곳까지만
> 목소리 들리는 곳까지만 가거라
>
> 돌아오는 길 잊을까 걱정이다
> 사랑아.
>
> ― 나태주, 「부탁」 전문

나는 왜 사는가?

사람은 무엇으로 사는가? 일찍이 러시아의 문호 톨스토이가 던진 화두다. 과연 우리 인간은 무엇으로 사는가? 그건 삶의 목표를 말함일 테고 삶의 원동력이 어디에 있느냐를 밝히는 대답으로 사람마다 다를 것이다. 돈, 명예, 권력, 사랑, 학문, 종교, 열정, 행복, 사치, 쾌락, 호화, 승진, 사업, 이념……. 그럼 나는 무엇으로 사는가? 왜 사는가? 그건 결코 쉬운 질문이 아니다. 나에게도 젊은 시절에 그런 대로 눈앞에 확실하게 보이는 그 어떤 목표나 삶의 의미가 있을 수 있었을 것이다. 미쳐서 따라다닐 대상이 있었고 취하게 하고 홀리게 하는 그 무엇이 있었을 것이다.

그러나 나이 들어가면서 점점 모든 것들이 흐려지고 무엇인가 해답이 보일 줄 알았는데 결코 그게 아니었다. 점점 오리무중이었다. 오히려 반대였다. 하루하루 헛되이 날이 저물고 이 세상 그냥 무의미하게 왔다가 지구 한 모퉁이 서성거리다 돌아가는 게 아닌가 생각되었다. 인생이 허무하다는 생각, 나의 일생이 이렇게 허무하게 저물고 있다는 자각은 나를 참 쓸쓸하게 비참하게 으슬으슬 춥게 만들어주었다.

'인생여백구과극人生如白狗過隙.' 『장자』에 들어 있는 문구다.

'인생이란 문틈으로 얼핏 스쳐 빠르게 지나가는 하얀 망아지를 보는 것과 같다.' 대부분의 사람들은 문틈으로 하얀 망아지가 지나갔는지 안 지나갔는지 알지 못하고 사는 사람들이다. 그다음, 상당히 똑똑한 사람은 무언가 문틈으로 하얀 것이 슬쩍 지나갔음을 자각하는 사람들이다. 일부 빼어난 특별한 사람들만이 분명히 문틈으로 하얀 망아지 한 마리가 빠르게 지나갔음을 알고 사는 사람들이다. 그럼 나는 어떤 부류에 속하는 사람이었을까.

나이 들면서, 특히 회갑을 보내면서 수월찮은 정신적 동요가 있었다. 새삼스레 마음의 갈등과 삶에 대한 회의가 일었다. 과연 나는 무엇을 위해 살았나? 왜 살았나? 상당히 아등바등 산 인생이었다. 나름대로 열심히 성공을 자처하며 산 인생이었다. 19세에 교직에 투신하여 54세에 교직의 꽃이라 할 교장으로 승진할 수 있었고 시인으로서도 어느 정도 이름을 인정받는 데 성공한 듯싶었다. 이만하면 되지 않겠느냐는 나름대로의 성취감과 자기평가가 없었던 것도 아니었다.

시인교장. 교장들 사이에서는 내가 시인인 것을 부러워했고 시인들 사이에서는 내가 교장인 것을 좋게 보아주었다. 참말로 이만하면 되지 않겠느냐는 자긍심 같은 것이 없었던 것도 아니다. 그러나 그게 아니었다. 구체적으로 회갑의 나이를 지내고 교직정년의 날이 다가오면서 조금씩 불안감이 엄습해왔다. 어렵게 시전집을 꾸려내고 나서는 더욱 그 증상이 심해졌다. 허탈감이랄까. 당혹감이랄까. 이제 나는 어떻게 하지? 거기에 두 손 놓는 망연자실이 있었다.

지금껏 그런대로 분명한 목표라고 여겼던 것들이 사라져 버린 초조감이었다. 시계視界 제로. 아무것도 분명한 게 없었다. 그럼 나의 인생은 하나의 신기루였단 말인가? 그토록 많은 책을 사들고 다녔고(읽었다는 말이 아니다), 그토록 많은 사람들을 만났고 많은 곳을 떠돌았지만 그 무엇, 그 어떤 장소, 그 누구한테서도 진정한 안식과 위안을 얻을 수 없었음을 뒤늦게 알아차리게 되었다. 여러 차례 새로운 여자를 만나 그리워하고 밤을 새워 애태우기도 했다. 그런 모든 연모戀慕는 나에게 또 무엇이었더란 말인가? 몇 편의 운문과 산문에 그 얼룩이 남아 있을 뿐이다. 이제는 사라져 없어진 그림이었을 뿐이다.

명색이 교회에 다니는 크리스천이라 하면서도 천국에의 꿈과 구원의 확신이 전혀 없었다. 그저 일요일 신자, 크리스마스 신자 정도에 머물고 있었다. 이제 정말 어찌해야만 하나? 살펴보니 나는 결코 교직자로서도 시인으로서도 진정으로 성공한 축이 못되었다. 다만 남들의 눈에 그런 것처럼 보이는 사람이었을 뿐이다. 그토록 많은 시를 썼고 그토록 오랜 세월 젊은 사람들, 어린 사람들 앞에서 선생 노릇을 했으면서도 나의 영혼 하나조차 제대로 알지 못했고 건지지 못했다는 것이 무척 부끄럽고 답답하다는 생각이 들었다. 이다음에 죽음의 순간에도 그 일이 제일로 안타깝겠거니 싶었다.

최근에 나는 모든 일에 의욕을 잃고 허우적거리며 살았다. 육체는 무력감에 빠져 있었고 정신은 비관론에 머물고 있었다. 무엇이든 회색빛으로 보였다. 날씨만 흐리고 운무현상이 와도 아, 이제 지구가 막판에 이르렀구나, 망하려는구나,

비감스런 감상에 잠겼다. 그건 약한 우울증 중세 같은 것이 었는지 모르겠다. 습관적으로 출근하고 사람들을 만나고 글을 쓰면서 개인생활과 사회생활을 유지하고는 있었지만 점점 어디론가 깊이 모를 수렁으로 빠져들고 있음을 느꼈다. 결국 그런 의식상태, 생활태도가 나의 병을 불러오고 키웠다고 본다.

만약 이번에 내가 병원 신세를 지지 않았다면 교직정년의 시간대를 보내면서 심하게 요동치는 현상을 면치 못했을 것이란 것이 아내의 진단이고 예견이다. 변화된 환경을 제대로 소화해내지 못하고 심한 혼란에 빠졌을 것이란 것이다. 교직 생활에 대한 금단현상이 분명 있었을 것이란 얘기다. 사필귀정事必歸正이란 말이 있듯이 일이 그렇게 돌아간 것도 그럴만한 까닭이 충분히 있었다는 것이다.

앓고 나서, 아니 병원에서 정신을 잃었다가 겨우 정신을 차리고 나서 제일로 하고 싶었던 일은 시를 쓰는 일이었다. 그 다음은 그림을 그려보고 싶었다. 어쩜 그것들은 본능과 같은 것이었는지도 모르겠다. 아내와 아이들, 가족들은 내가 그동안 글을 쓰느라 스트레스를 받아 쓰러졌으니 이제는 시를 쓰지 말아야 한다고 권면해왔다. 그것이 사는 길이라 했다. 주위의 지인들도 나더러 글 쓰는 일을 줄여야 한다는 의견을 보였다. 그러나 내 생각은 전혀 달랐다. 육체적 고통과 정신적 혼돈 속에서도 글을 쓰는 시간만이 나에게 유일한 커다란 위안이었다. 마음의 평화를 주었고 고요한 침잠沈潛을 주었다.

나는 글을 쓸 때 붓펜을 사용하기를 좋아한다. 무언가 정성껏 써야 할 문건文件이 있으면 더욱 붓펜을 선호하는 게 나의 습성이기도 하다. 붓펜은 꽤나 까탈스런 필기도구이다. 끝이 부드러워서 글씨가 마음먹은 대로 써지지 않는다. 지루한 병원 생활, 고통과 불면으로 밤을 지새우고 아침을 맞아 붓펜을 손에 쥐었을 때 글씨가 제대로 써지면 아, 오늘 컨디션이 좋구나 생각하고 붓펜을 잡은 손이 부르르 떨리면 아, 오늘 안 좋구나 여겨 하루를 더욱 조심스럽게 살았던 나이다.

혼미한 정신 상태에서도 한 편의 시를 얻어 종이에 붓펜으로 한 글자 한 글자 옮겨 적을 때 나는 무한한 기쁨을 맛보곤 한다. 처음엔 뜨악하고 근심스런 눈길로 바라보던 가족들도 나중엔 못 이기는 척 방관하는 눈치였다. 더 나아가 한 편의 시는 나로 하여금 살아 있는 존재가치를 선물하고 삶의 의미를 주기에 이르른다. 시 쓰는 일 하나 때문에도 나는 기어코 살아야 했다. 아직도 내가 살아 있는 생명체라는 자기 확인을 시는 주었다. 이 얼마나 커다란 삶의 원천이며 삶의 힘이겠는가! 시를 쓰는 일이 힘겨워 쓰러졌는데 시를 쓰면서 힘을 얻어 일어서게 되다니!

그건 모순이며 아이러니다. 허지만 그것은 분명한 사실이며 또 진실이다. 시는 나에게 소망이다. 마음의 불꽃이다. 소망은 보이지 않는다. 마음의 불꽃 또한 보이지 않는다. 그러나 사람이 어찌 소망 없이 마음의 불꽃 없이 살아갈 수 있으랴. 나는 여기서 하나의 조그만 발견을 하게 된다. 나름대로 해답을 얻게 된다. 나는 무엇으로 사는가? 나는 왜 사는

가? 나는 마음의 기쁨으로 산다. 정신의 희열로 산다. 그 마음의 기쁨, 정신의 희열을 얻기 위해서 나는 사는 것이다. 흔히 우리가 말하는 희망, 사랑, 소망, 그리움, 기다림 같은 것들조차 기쁨이나 정신적 희열의 구체적 실상이거나 그 부분집합에 해당되는 것들인 것이다.

  비록 남들에게 무가치한 것처럼 보일지라도 그것이 진정 나에게 마음의 기쁨이 되어주고 정신의 희열이 되어주는 것이라면 충분히 나의 많은 것들을 걸을 수 있는 대상이 된다. 나의 일생을 바칠 만한 가치 있는 것이 된다. 여기에서 엄청난, 남들은 이해할 수 없는 희생이나 봉사가 가능할 수도 있겠다. 사람뿐이 아니다. 모든 생명체는 이 삶의 기쁨, 정신의 희열을 위해서 산다. 그것들을 위해서라면 과감히 자신을 던질 준비가 되어 있다. 왜 사는가? 눈에 보이는 것(육체, 현실, 재화) 그 너머에 가치 있는 것이 분명히 존재한다는 확신으로 산다. 그런 확신은 우리에게 천국이나 극락을 안내하기도 한다. 애국자의 자기희생이라든가 종교적 순교까지도 가능하게 한다. 다시 나는 왜 사는가? 마음의 기쁨을, 정신의 희열을 얻기 위해서 산다. 이런 맥락에서 나의 시 쓰기와 그림 그리기의 의미는 주어진다.

이만큼이라도 지금이라도

짧지 않은 기간이었다. 5개월 20일. 반년 가까운 날들을 병원에서 묵고 퇴원했다. 그것도 한 병원이 아니라 두 병원을 거쳤다. 두 병원에서 다같이 의사들은 비관적인 진단을 내놓았다. 을지대학병원에서는 1주일을 넘기지 못할 거라 했고 서울아산병원에서는 암보다 탈출하기가 어려운 병이라 했다. 병명은 담즙성 범발성 복막염, 그리고 급성췌장염. 병명도 낯설고 복잡하다. 쓸개 줄에 생겨난 1.7센티미터의 결석이 빌미가 되어 쓸개 액이 복강으로 흘러내려 그것이 범발성으로 복막염을 일으키고 2차증상으로 다시 췌장膵臟(이자)을 자극하는 바람에 췌장액까지 흘러나와 췌장염을 일으켰고 또 내장 지방을 녹여 온 뱃속을 비누 덩어리처럼 어석어석하게(혹은 단단하게) 만들었다고(비누화현상) 했다.

조그만 집에서 일어난 불이 옆집으로 옮겨붙고 끝내는 온 마을에 불이 붙은 것처럼 되어버린 꼴이었다. 그러한 내가 다시 살아서 병원을 나온 것은 기적에 가까운 일이었다. 아니, 기적 그 자체였다. 인간의 지식이나 기술, 약이나 기계의 힘만으로 가능했던 일이 아니다. 99퍼센트 인간의 최선 위에 1퍼센트의 신의 선택과 보살핌이 분명하게 있었다고 믿는다. 신은 내 몸을 통해서 기적을 시험해주신 것이다. 기적을 보여주신 것이다. 병원에서 나왔을때 내 마음속에는 '내 몸을 통해 기적이 방금전에 지나갔다'는 깨달음이 왔다.

어떻게 나는 살아남을 수 있었을까? 병원에 있는 동안, 병원에서 나와 지내는 동안 곰곰이 생각해 본 날들이 많았다. 첫째는 운이 좋았다고 본다. 의사도 잘 만났고 병원도 잘 만났고 또 나를 위해 염려하고 기도하고 도와준 다른 사람들의 손길이 참 많았다. 엄청난 협동이 있었다. 어쨌든 살리고 보아야 한다는 일념들이 있었다. 한두 사람이 아니다. 많은 문학 친구들, 교단의 동료와 선후배들, 우리 교회의 교인들, 가족들의 눈물겹고 지극한 간호와 간절한 기도와 도움이 있었다. 그다음으로 나 자신이 꼭 살고 싶어서 노력을 많이 했다. 주변 사람들은 날더러 생명에의 집념과 의지가 강한 사람이라는 말들을 했다. 그럴지도 모른다. 한사코 나는 살고만 싶었다. 인간세계의 능력이나 방법으로 가능하지 않다면 우주공간의 보이지 않는 존재의 힘이라도 끌어모아 살고 싶었던 것이 나의 간절한 소망이었다.

중간중간 포기하고 싶은 때도 있었고 아무래도 불가능한 게 아닌가 절망적인 시절이 없었던 것은 아니지만 나는 끝까지 살아남아야 한다는 다짐을 하면서 마음의 끈을 놓지 않았다. 아니, 놓을 수가 없었다. 이대로 나의 인생을 끝내서는 너무나 억울할 것 같아서였다. 무엇인가 정신적으로 더 좋은 것, 향기로운 것, 더 높은 것을 이루어보고 싶었다. 그것은 막연한 희망이요 환상일지도 모른다. 그러나 그러한 불

분명한 것들이 나를 기어코 살아 있고 싶은 사람으로 만들어주었다.

　그럼 왜 신은 나를 살려주셨을까? 무엇보다도 신이 나를 선택해주시고 사랑해주셔서 살려주었다고 생각한다. 신은 일찍이 나를 선택하시고 사랑해주시었다. 아주 오래전 내가 어린 나이였을 시절부터 그러했다. 그러나 나는 그것을 모르고 살았다. 아니, 외면했다. 그렇지만 신은 인내심을 갖고 나를 기다려 주셨다. 그걸 이번에 새삼 알게 되었다. 깨닫게 되었다. 그걸 알게 하시기 위해 일부러 나에게 질병을 주시고 호된 고난의 날을 주시었다. 다만 그걸 나만 모르고 우리 가족들만 몰랐던 것이다.

　왜 그러셨을까? 다시금 나를 고쳐 쓰시기 위해서는 질병과 고난의 과정이 필요했던 것이다. 그리하여 나로 하여금 길고 긴 병원 생활을 하게 하시었던 것이다. 그런 뒤, 때맞춰 퇴원할 수 있게 하신 것이다. 되짚어보면 이런 모든 것들이 예정된 하나의 코스가 아니었던가 싶은 생각이 든다. 모두가 계획된 일들이었고 또 그 실행이 아니었던가 하는 생각도 든다.

　구체적으로는 지상에서의 삶을 통해서 나에게 어떤 기회를 더 주시기 위해서였다. 나는 종교적으로 구원의 확신이 없었던 사람이다. 인간에게 영혼이 존재한다는 건 인정했지만 우리가 죽은 뒤의 세계, 그 영혼이 어찌 되는지에 대해선 분명한 믿음이나 깨우침이 전혀 없었다. 오리무중이었다. 늘 그것이 궁금하고 답답한 노릇이었다. 이번에 그걸 확연하게 알고 세상을 떠날 수 있게 기회를 주신 것이다. 그다음으로는 사람들과 화해하고 오라고 기회를 주시지 않았나 싶다. 특히, 가족들과의 불화가 더러 있었다. 아들아이와의 사이가 썩 좋은 편이 아니었다. 그 아이 어려서 키우고 가르치면서 갈등이 있었고 그로 인해 나에 대한 원망이 있었다. 알면서도 해결할 방법이 없었다. 그리고 형제 가운데 막냇누이와 사이가 원만하지 못했다. 역시 이러한 매듭들을 풀라고 기회를 주신 것이 분명하다. 그리고 개인적으로 미진했던 문제가 있다면 그걸 완성하고 잘못되어진 문제가 있다면 그것 또한 잘 정리하고 오라고 특별히 삶의 말미를 주시지 않았나 싶다. 참으로 좋으신 하나님, 감사로우신 하나님이시다.

그럼 나는 이제 어떻게 살아야 하겠는가? 돌려받은 지상에서의 나머지 날들을 어떻게 써먹어야만 하겠는가? 지나간 것들을 생각해서는 안 된다. 거기에 매여서는 안 된다. 그럴 시간적 여유가 없다. 그건 지극히 어리석은 일이고 아까운 일이다. 현재 내 앞에 와 있는 오늘만 열심히 바라보며 순간순간의 생명을 살아야 한다. 내일에 대해서도 미리 걱정할 일이 아니다. 대 명제는 이렇다. 이만큼이라도 남겨주신 것을 감사하고 지금이라도 새롭게 시작할 수 있는 것을 감사해야 한다. 다행스럽게 여겨야 한다. 그건 자신에게 주어진 시간과 공간에 대한 자각으로부터 출발한다. 세상의 아름다운 것들만 보고 예쁜 소리만 듣고 또 좋은 생각만 가져야 한다. 그러기에도 지상의 시간이 부족하다. 아깝다.

그리고 가능한 한 좋은 글, 예쁜 글, 맑고 아름답고 선한 글을 써야 한다. 세상을 찬미하고 따뜻하고 아름다운 시를 쓰는 것, 그것은 애당초 나의 몫이었다. 나의 본분이었다. 이제금 나는 그것을 재확인하는 것이다. 그 심화 단계에 와 있는 자신을 보게 된다. 사람들에 대해서도 나는 그 누구도 원망하는 마음, 미워하는 마음, 싫어하는 마음을 갖지 않기로 했다. 그래서 주변의 모든 남자들을 형제라 부르기로 하고 모든 아는 여성들을 누이라 부르기로 했다. 이제 나에게 세상 사람들은 타인이 아니라 정다운 이웃이요 혈족이었던 것이다.

신은 참으로 아슬아슬한 선에서 나를 선택해주시고 건져주시었다. 뱃속 전체에 염증이 생기는 범발성 복막염과 급성 췌장염에서 나를 건져주신 것이다. 이제 남아있는 나의 췌장은 20에서 30 퍼센트 정도. 헌데도 당뇨병을 주시지 않은 것은 얼마나 놀랍고 감사로운 일이신가! 이제 내 차례다. 내가 화답할 차례다. 나에게 주어진 소명召命은 이렇다. 기뻐하라. 사랑하라. 감사하고 찬미하라. 어른처럼이 아니다. 어린 아이처럼 즐거워하라. 분별없이 기뻐하라. 내일을 걱정하지 말고 오늘에, 오직 오늘의 순간순간의 삶에 열중하라. 그것은 나를 다시 살리신 신이 주시는 소명이요 지상명령이다.

기쁨, 사랑, 감사, 찬미. 그것은 아주 오래 전부터 내 시와 인생의 주제였다. 이미 나는 사로잡힌 영혼이었는데 나만 그것을 모르고 살았던 것이다. 이제라도 알게 되어 얼마나 감사하고 기쁜 노릇인가! 감사의 홍수, 그 강물이다. (2007)

제2부

멋쟁이 하나님

2차 서울아산병원 입원기

날마다 여행길

언제부턴가 나는 하루하루의 날들이 여행길이요, 이 세상 자체가 여행지라는 생각을 가지고 있었다. 우리네 인간의 목숨은 직업으로 치면 고정직이 아니라 계약직과 같다. 그 계약직은 계약 기간을 알지 못하는 계약직이다. 지극히 불안정한 조건이다. 언제든 계약주가 파기하면 일방적으로 파기되고 마는 조건이다. 불공평하다 억울하다 여겨도 어쩔 수 없는 일이다. 계약주가 허락하는 범위 안에서만 하루하루, 아니 한 순간 한 순간 숨쉬며 살아갈 수 있는 것이 우리들의 삶의 날들이다. 그러니 우리들의 삶 자체가 여행이 아니고 무엇이겠는가.

2007년 6개월 동안의 모질고 기나긴 병원 생활을 마치고 퇴원한 뒤, 1년 반 정도 병원에서 처방해준 약을 먹었다. 나름대로 운동을 하고 섭생에 주의하여 몸이 조금씩 좋아지기도 했다. 점차 병원을 찾아 의사를 만나는 기간도 길어지게 되었다. 처음엔 1개월이었다가 3개월로 바뀌었다가 나중엔 6개월에 한 번 꼴로 바뀐 것이다. 시간이 지나자 담당의사인 이성구 교수는 한번 C.T촬영을 해보자고 했다. 그래서 3월 초 C.T촬영을 했고 1주일 뒤 담당의사는 사진 판독 소견을 보면서 췌장염 증상이 완전히 소멸되었다고 일러주었다. 그런데 아무래도 최초 췌장염의 발단이 되었던 쓸개는 적출하는 것이 좋겠노라는 의견을 내놓았다. C.T 사진 소견도 그렇고 혈액검사 내용으로 봐서도 수술을 감당할만한 조건이 형성되었노라는 것이었다. 이성구 교수는 직원을 시켜 이영주 교수를 연결해주었다.

나는 다시 내과환자에서 외과환자로 신분이 바뀌어 이영주 교수 앞에 서게 되었다. 이영주 교수는 2007년 5월 25일, 대전을지대학병원에서 서울아산병원으로 옮기면서 처음 만난 의사이다. 한국에서는 간담췌장외과 계통에서 가장 탁월한 능력이 있고 명성이 높은 의사이다. 그 때 대전에서 올라갈 때도 오직 이영주 교수를 만나 수술이나 한번 시원스럽게 받아보자는 소망 하나로 서울아산병원을 찾았던 거였다. 그런데 이영주 교수는 나에게 아주 절망적인 진단을 내리고 나서 스스로 심각한 고민과정을 거쳐 같은 병원의 내과의사인 이성구 교수 앞으로 보내어 수술하지 않고 오직 약과 주사만으로 치료를 계속하게 해서 드디어 퇴원의 기적을 만나게 했던 장본인이다.

그런데 그 날 다시 이성구 교수가 이영주 교수 앞으로 나를 보내게 되었으니 나는 두 의사 사이를 마치 탁구공처럼 왔다 갔다 한 신세가 되었던 것이다. 1년 반 만에 다시 만난 이영주 교수는 그동안 얼굴에 살이 올라서 그런지 처음 만났을 때보다도 훨씬 부드러워진 인상이었다. 다시 이영주 교수는 나더러 대뜸 술을 많이 마셔서 이런 병이 생겼다고 말했다. 그리고는 한번 수술 날짜를 잡아보자고 했다. 수술 방법은 복강경 수술. 3박 4일 정도 단기간 환자로 입원하고 간단히 할 수 있는 수술이라 했다. 그러나 지난번 발병으로 장기유착이 있을 수 있어 복강경 방법이 안 되면 개복수술을 할 수도 있다고 했다.

그래서 날짜를 잡은 것이 4월 초순이었다. 그러나 공주문화원장 선거가 문제였다. 문화원장은 문화원 회원들의 직접 선거에 의해 선출되는 자리이다. 그동안은 추대제로 원장을 내세우는 것이 하나의 관례였으나 세태가 달라져 최근에는 선거 방법으로 바뀌어 있었다. 당시 공주문화원장은 정재욱 씨다. 개인적으로는 나와 호형호제하는 사이이다. 헌데 정 원장은 4년 중임 8년을 문화원장 자리에 있었으므로 현행 정관대로라면 더는 원장의 자리에 있을 수 없는 입장이다. 그래서 문화원 회원으로 오랫동안 몸담아온 몇몇 친구들이 나더러 정 원장 후임을 맡아달라고 해 내가 차기 문화원장 후보가 되어 있었던 것이다. 지역 신문에도 그렇게 나고 사람들 입소문으로도 그렇게 오르내리고 있었다. 현임 문화원장의 임기는 2009년 6월 30일까지. 그래서 그 안에 선거를 해 후임 원장을 뽑아야만 했다. 공주지역에서는 문화원장을 회원들의 직접 선거에 의해 뽑는 일은 처음 있는 일이었다. 설왕설래만 있었을 뿐 그 무엇도 구체적으로 결정된 일이 없었다. 주위에서는 나더러 당분간은 공주를 비우지 않는 게 좋겠다고 권했다. 여러 차례 생각해본 결과, 4월 초순으로 되어 있던 수술 날짜를 5월 초순으로 옮겨야만 했다.

다시 집을 떠나며

바뀐 입원 날짜는 2009년 5월 6일. 문화원장 선거 날이 5월 28일로 결정되었으므로 그 정도면 충분히 수술을 받고 나와 일을 치를 만하다고 판단되었다. 복강경 방식으로 수술한다면 3박 4일 정도면 된다고 하지 않았던가. 그야말로 가벼운 마음으로 준비하고 떠난 병원 여행이었다. 아내도 병원 생활 하는 동안 필요한 여러 가지 물건을 줄여 될수록 간편하게 짐을 챙겼다, 그러나 번번이 병원 입원을 앞두고 짐을 챙기는 손길은 서글픈 것이고 또 그것을 바라보는 눈길은 처량하게 마련이다.

문화원장 선거도 있고 하니 주위에는 극비로 하고 떠나자고 아내와 상의했다. 하지만 누군가 한 사람은 내가 공주에 있지 않고 병원에 있다는 것을 아는 사람이 있어야 한다는 생각이 들었다. 혹시 문화원장 선거 일정에 급박하게 처리할 일이라도 생기면 대리인이 필요하고 또 우체국 사서함의 우편물을 가져오는 일도 맡아주어야만 했다. 먼젓번 병원 생활 때에도 우편물을 관리해준 유준화 시인이 쉽게 떠올랐다. 그라면 이번에도 잘 처리해줄 것만 같다는 믿음이었다. 5월 5일 오후, 유준화 시인에게 전화를 걸어 저녁 시간에 만나자고 했다. 장소는 집 가까운 식당. 저녁 식사를 하며 전후 사정 이야기를 했다. 그리고는 들고 온 서루머 도장을 그에게 맡겼다. 식사를 마치고 헤어져 돌아오는 내 손을 잡고 유준화 시인이 잠시 안쓰러운 눈을 뜨고 바라보는 것 같았다.

드디어 5월 6일. 짐을 챙겨 들고 집을 나서려는데 집안의 화분이 아무래도 마음에 걸렸다. 지난번 병원 생활 때에도 우리가 장기간 집을 비우는 바람에 한차례 죽었다가 살아난 꽃들이다. 별스런 꽃들은 아니지만 아내가 취미삼아 열심히 돌보아온 우리 집 가족 같은 꽃들이다. 이번에도 병원 생활이 길어지게 되면 빈집을 지키면서 화초들이 고생이 심할 텐데 꽃들한테 미안하다는 생각이 들었다. 아내는 바가지로 물을 받아다가 화분에다 흠뻑흠뻑 물을 주었다. 어떤 것은 화분 받침에까지 여분으로 물을 쏟아주기도 했다. 그리고는 베란다의 창문을 닫고 블라인더를 내려 될수록 햇빛이 안으로 들어오지 않도록 했다. 언제든 이렇게 집을 떠날 땐 평소 아무렇지도 않게 보이던 화초들이 제일로 마음에 걸린다. 그래, 우리가 돌아올 때까지 어떻게든 잘들 살아 있거라!

아내가 화분에 물을 주고 있는 시각에 전화벨이 울렸다. 청양에 사는 둘째 누이동생이었다. 걱정이 되어서 전화를 했다는 것이다. 사람에겐 이렇게 영적인 능력이 있다. 아무래도 이런 땐 병원에 간다고 솔직히 말하지 않을 수 없는 노릇이다. 누이동생과 통화를 하며 이 세상에 진정으로 나를 알아주고 걱정해주는 사람이 한 사람만 있어도 충분하지 않겠는가, 하는 생각을 해보았다. 오전 9시. 택시를 불렀다. 다른 때 같으면 느긋이 걸어서 동사무소 앞쯤에서 택시를 탔을 텐데 이번에는 아파트 통로 앞까지 오라고 했다. 그래도 짐이 여러 개 되었다. 짐들을 밀어 넣고 바쁘게 택시에 올라 아파트 마당을 빠져나갔다. 이런 우리 모습을 아무도 보지 않기를 바라지만 그래도 누군가는 볼 수도 있고 또 입방아를 찧을 수도 있으리라. 무슨 도망자라도 되는 것처럼 집을 떠나는 우리의 처지가 다시금 서글프다는 생각을 잠시 해보았다.

다시 찾은 서울아산병원

병원 예약은 오후 2시로 되어있었지만 정해진 시간보다 훨씬 앞서서 병원에 도착했다. 서울아산병원은 2년 전, 3개월 동안이나 입원해 있던 병원이고 퇴원 후에도 정기검진을 위해 자주 왔던 병원이다. 그래도 수술을 앞두고 입원하는 환자의 입장이 되고 보니 다시금 낯설고 긴장되는 바가 있었다. 아무리 복강경 수술을 하겠다지만 전신마취로 하는 수술이다. 번번이 수술이란 절차는 피하고 싶은 심정이다. 아니다. 병원 생활 전체를 나의 생애 가운데서 떼어내어 지워버리고 싶은 심정이다. 문화원장 선거가 끝난 뒤 병원을 찾을까도 생각해 보았지만 내 마음 속에 입원하는 일을 피하고 싶어 하는 마음을 누르고 이번에 수술을 받기로 한 것이다.

서울에 사는 딸아이 민애가 한발 앞서서 수속을 밟아놓고 기다려 주어서 입원 절차가 순조롭게 진행되었다. 또다시 왼쪽 팔목에 환자용 팔찌가 채워졌다. 환자번호 35011316. (이 번호는 먼젓번 입원 때와 같은 번호이다. 서울아산병원에서 나의 고유번호 같은 것이 아닌가 싶다.) 파란색 비닐로 만든 팔찌. 어쨌든 병원을 벗어날 때까지는 이것이 나를 대신해서 이리저리 끌고 다닐 것이다. 병실은 동관의 10층에 있는 103병동의 37병실. 단기 환자들만 입원하는 6인용 병실이다. 나의 자리는 4번 자리. 창가에 있는 자리이고 아내가 쓸 공간이 넓어서 좋았다.

병실에 들어 얼마 안 되는 시각에 손님이 한분 찾아왔다. 놀랍게도 허영자 선생이 병실을 찾아온 것이다. 며칠 전 내가 보낸 시화집 『너도 그렇다』를 받고 전화를 하셨을 때 내 입으로 며칠에 서울아산병원에 입원한다는 말을 스스럼없이 했던 것이다. 사람은 아무리 입조심을 하려고 해도 안 되는 구석이 있다. 누군가한테는 새도록 되어 있다. 마침 그 날 편운문학상 시상식을 마치고 오시는 길이라 했다. 허영자 선생은 내 시로서는 누님과 같은 분이다. 어찌 반갑지 않겠는가. 그러나 병원에서 환자복으로 뵙는 것이 면구스럽고 또 그렇게 번거롭게 병원까지 찾아오시게 해서 송구스러웠다. 선생은 당신도 쓸개 적출수술을 받은 일이 있어 '쓸개 빠진 사람'이라며 간단히 수술을 받고 퇴원할 거라며 위로를 하고 돌아갔다. 사람은 이렇게 자기도 모르는 사이 다른 사람들의 사랑과 관심과 걱정 속에 살아갈 수밖에 없는 존재인가 보다.

힘겨운 첫 수술

처음 예정은 5월 7일 오전 8시, 첫 수술로 일정이 잡혀 있었다. 그래서 그 전날 저녁에 심전도 검사며 혈액검사도 하고 관장도 하고 삭모(削毛)(배의 솜털을 면도질하는 일) 작업도 마쳤다. 대전에 사는 아들 병윤이가 오전 시간에부터 병원으로 오겠다는 걸 저의 엄마가 말려 오후 시간에 오도록 했다. 모든 일을 가볍게 여긴 소치이다. 수술환자용 침대에 누울 때는 환자복까지 벗고 맨몸으로 눕는다. 그리고는 그 위에 새하얀 가운을 한 장 덮는다. 저절로 으쓱하니 몸이 춥고 긴장되게 된다. 방 안에 있는 다른 환자들이 수술 잘 받고 오라고 조그만 소리로 인사의 말을 건넸다.

'하늘에 계신 우리 아버지여, 이름이 거룩히 여김을 받으시오며, 뜻이 하늘에서 이루어진 것 같이……'
나는 겁이 날 때나 급한 일이 생길 때면 무엇엔가 쫓기듯 중얼중얼 주기도문을 외운다. 청년이 내 침대차를 조심스레 밀고 어디론지 가고 있다. 말로만 듣던 3층의 그 수술실이다. 가끔 눈을 떠서 뒤따라오는 아내의 얼굴을 확인한다. 왜 그렇게 수술실로 들어갈 때는 모든 일들이 급박하게 돌아가는지 모른다. 수술실 앞에서 더는 아내가 따라오지 못하고 나 혼자만 수술 대기실로 들어갔다. 나를 데리고 온 청년은 차렷 자세를 하더니 '수술 잘 받으십시오' 라는 말과 함께 정중하게 허리 굽혀 인사를 한다. 서울아산병원에서 근무하는 사람들은 이렇게 뭔가 달라도 다른 사람들이다. 대기실 안에는 수술을 받기 위해 와 있는 다른 환자들이 이미 많았다. 간호사들이 다가와 나의 이름과 주민번호 앞자리와 수술 받을 부위를 묻는다. 나직나직 차분하면서도 부드러운 음성이 불안에 떠는 사람의 마음을 편안하게 감싸 안아주기에 충분하다.

조금 뒤 다시 나를 실은 침대차는 어디로인가 멀리 끌려갔다. 눈을 꼭 감고 있다가 침대차가 멈추어 서자 살그머니 감고 있던 눈을 떠 보았다. 수술실인 것 같았다. 천정에 수술실에서만 볼 수 있는 커다란 전등이 매달려 있지만 그것은 오래 전에 보았던 그런 거대한 것에 비해 아주 조그만 것이었다. 아마도 새롭게 개발된 것인 듯싶었다. 조금 뒤 간호사들이 들어오고 젊은 의사들이 들어와 무슨 이야기인가를 하더니 그 가운데 한 남자가 나에게 다가와 긴급 환자가 생겨 이영주 교수가 내 수술을 할 수 없게 되었으니 미안하지만 오후 2시로 옮긴다는 말을 했다. 그러니 다시 병실로 가 기다리고 있으라 했다. 이런 때 환자 입장에서는 할 말이 별로 없다. 다만 지시대로 따르는 수밖에는.

나는 다시 침대차에 실려 병실로 옮겨져 왔다. 병실에는 아내가 없었다. 어디 간 것일까? 외출했다가 돌아와 엄마를 찾는 아이처럼 아내를 찾았다. 환자 보호자가 병원 안에서 갈만한 공간은 뻔하다. 간호사실, 배선실(음식을 준비하는 방),

휴게실, 공동화장실 정도다. 나는 간호사실을 한 바퀴 돌아 공동화장실 쪽으로 갔다. 한동안 여자 화장실 앞에 서 있는데 아니나 다를까 아내가 화장실 문을 열고 밖으로 나왔다. 아내는 깜짝 놀라는 눈치였다. 나는 아내에게 수술이 오후 2시간대로 연기되었다는 말을 해주었다. 이런 이야기를 나누며 비록 입속으로는 소리 내어 밝히지 않았지만 일이 무언가 꼬인다는 생각을 했다. 이마도 그것은 아내도 마찬가지였을 것이다.

오후 2시 어름에 다시 수술실로 옮겨졌다. 여전히 눈을 꼭 감고 주기도문을 외우며 조금은 어리벙벙한 기분이었다. 아내와는 다시 수술실 앞에서 헤어졌다. 수술 준비는 순조롭게 진행되어갔다. 간호사들이 먼저 다가와 여러 가지 준비를 했다. 수술실 안의 간호사들도 친절하고 부드럽고 살갑기는 마찬가지였다. 따뜻하고 편안하다는 느낌이 들었다. 얼굴 위로 산소마스크 같은 것이 씌워졌다. "산솝니다. 들여마시세요." 굵은 남자의 목소리가 울렸다. 나는 마음속으로 하나 둘을 세어가며 숨을 크게 들이쉬었다. 일곱에서 여덟까지 세었을까. 그쯤에서 의식이 딱 멈춰 섰다.

다음은 전혀 기억이 없다. 눈을 떴을 땐 아내와 아들아이의 얼굴이 보이고 딸아이의 목소리가 들렸다.
"아빠 수고했어. 이제 살아났어요."
딸아이가 손을 잡아주었다. 그 경황에도 딸아이의 손가락이 그동안 제법 굵어졌다는 생각이 들고 따스하다는 느낌이 왔다. 아들아이의 손은 언제든 억세고 힘이 있어 믿음직스런 느낌이 든다. 마취되어 수술 받는 동안 내 수술 과정이 매우 힘들었던 모양이다. 기껏 2시간 정도면 되려니 했던 수술이 4시간이나 걸렸다고 한다. 처음 복강경 수술을 시도했으나 실패하여 개복을 했는데 열어놓고 보니 문제가 심각했다는 거였다.

2년 전 문제를 일으켰던 쓸개가 쪼그라 붙은 건 어쩔 수 없다지만 그 쓸개가 간의 몸통에 가 올려 붙어 아예 한 몸처럼 되었더라는 것이다. 게다가 또 간과 쓸개 사이를 연결하는 동맥이 여러 개 엉켜있고 또 기형으로 되어 있더라는 것이다. 그러니 의사들이 당황하지 않을 수 없었고 복잡하게 늘어붙은(의사들 말로는 떡이 되어버린) 쓸개와 동맥을 잘라내고 정리하느라 출혈이 심해 수혈을 여러 봉 하지 않을 수 없었다 한다. 뿐더러 간도 조금 떼어냈다고 한다. 나중에 들은 이야기지만 수술 도중 이영주 교수가 보호자를 부르더란다. 마침 딸아이가 대기하고 있었는데 딸아이한테 이렇게 불평하듯 말했다 한다.

"이렇게 힘든 수술은 처음입니다. 아마도 내가 이제 의사를 그만 둘 때가 되어가는 모양입니다. 이렇게까지 될 때까지는 많은 시간이 흘렀을 것이고 본인이 많이 아팠을 텐데 그렇게 모르고 있었단 말입니까? 하마터면 환자가 돌아가실 뻔 했단 말입니다."
까물대던 정신이 돌아올 때는 해질 무렵이었던 것 같았다. 침대머리에 아내가 앉아 있었다.
"여보, 숨을 크게 쉬어야 한대요. 숨을 크게 쉬어보세요."
아내는 아이를 달래는 엄마처럼 말하며 억지로 웃고 있었다. 그러나 나는 도저히 숨을 크게 쉴 수가 없었다. 아무리 노력해도 그래지지 않았다. 오히려 눈이 스르르 감겨왔다.
"여보, 눈을 감으면 안 돼요. 눈을 크게 떠야만 해요."

아내가 다급하게 말했다. 그래도 나는 눈을 크게 뜰 수 없었다. 모로 누워있던 내가 불편하다 해서 아내가 나를 바로 뉘어주었다. 그러자 옆구리에 차고 있던 세 개의 납작한 비닐 병에 피가 고이기 시작했다. 그건 제이피JP라고 부르는 도구로 뱃속 수술한 부위에 비닐관을 심어 연결하여 불순물을 밖으로 유도하는 도구였다. 놀란 아내가 비상벨로 간호사실로 연락했다. 간호사들이 급히 달려오고 간호사들은 나의 침대를 밀어 103병동의 간호사실에 딸린 치료실로 옮겼다.

그 밤이 급박하게 돌아가는 또 한 밤이었다. 젊은 의사들이 모여들고 여러 명의 간호사들이 달라붙었다. 간호사들은 계속해서 비닐 병을 열어 고이는 피를 받아냈다. 밤새도록 받아낸 피의 양이 2리터짜리 페트병으로 2개나 되었다 한다. 배가 뿌듯하다는 느낌이 왔다. 나는 정신을 놓지 않으려고 마음속으로 애를 썼다. 간호사들과 의사들의 대화 내용으로 보아 내 몸 속에 내출혈이 일어났다는 생각이 들었다. 의학용어를 사용하는 그들의 대화 속에 내출혈을 의미하는 블루딩bleeding이라는 말이 자주 오갔다. 처음엔 지혈제를 투여하다가 그러다가도 안 되니까 피를 가져와야 한다고 하더니 얼마 후 수혈이 실시되었다. 수혈은 아주 천천히 진행되었고 그날 밤에 수혈된 양은 노랑 피(혈장) 2봉에다가 붉은 피 2봉, 합계 4봉이었다.

어쩌다 보니 아들아이의 얼굴이 있었다. 수술 결과를 보고 다시 대전으로 내려가는 것을 저의 엄마가 전화로 연락해서 다시 병원으로 불러올린 것이다. 조금 있으려니 인천에 사는 형태 처남의 얼굴도 보였다. 누군가한테 듣고 환자도 걱정되지만 자기 누나가 더 걱정되어 왔던 것이다. 처남은 그날 밤 내가 옆구리로 피를 흘리며 죽어가는 꼴을 지켜보다가 집으로 돌아가 그날 밤 뜬눈으로 새우고 그다음 며칠을 속이 메스꺼워 밥도 제대로 먹지 못하고 외출도 하지 못했다 한다. 그래서 나중에 나에게 이런 말을 들려주었다.

"매형, 사람이 죽으려면 잘 죽어야 하겠더군요. 매형은 참 몇 번이고 다시 태어난 사람이에요."

수술 후에 내출혈을 일으키자 가장 놀라고 당황한 것은 역시 아내이다. 기절 직전까지 가게 되었고 자기도 모르는 사이 여기저기 부딪치고 다니고 또 넘어져 무릎이며 정강이가 시퍼렇게 멍이 들어 있었다. 그날 밤 아내는 차마 긴 기도의 말이 나오지 않아 외마디로 짧은 기도의 말만 되풀이했다고 한다.

"하나님 아버지. 내 맘에 살아계신 하나님 아버지. 그저 제 남편과 더 오래 세상에 남아 있도록 해주십시오."

아내는 또 내가 자칫 잘못되면 자기도 따라서 죽고 말 태세였다고 한다.

밤이 자정을 넘겨 새벽 시간이 되면서 의사들이 계속해서 지혈제를 투여하고 수혈도 하는 동안 출혈은 소강상태를 유지하는 듯싶었다. 그러나 새벽 4시를 지나면서 출혈은 다시 시작되었다. 간호사들은 긴 끈을 가져다가 허리 밑으로 그 끝을 돌려 넣고 나의 배의 크기를 재었다. 아마도 시간 간격을 두고 그러는 것 같았는데 뱃속의 출혈상태를 측정하는 방법 같았다. 출혈이 다시 심해지자 혈압이 급격이 떨어지기 시작했다. 긴장혈압이 60까지 내려갔다. 나중에는 혈액검사를 위해 팔다리에 침을 꽂았으나 어디에서도 피 한 방울 나오지 않았다.

"이런 때에도 이영주 선생님에게 연락하면 선생님이 오시나요?"

아내의 말에 젊은 의사들은 분명한 어조로 말했다.

"그럼요. 언제든지 오시지요."

그날 밤 12시를 지나 딸아이도 급하게 병원을 다녀갔다는데 딸아이를 보았던 기억이 없다. 그만큼 나의 정신이 혼미해 있었던 것이다.

고마웠다고

그렇게 길고도 지루한 한밤이 힘겹게 흘러가고 다시금 새 날이 밝았다. 5월 7일 아침 6시 30분경. 담당 의사인 이영주 교수가 간호사실 치료실로 찾아왔다. 재수술 지시를 했다. 출혈의 원인에 대해선 여러 가지 가능성을 점쳤다. 첫째가 간의 몸통에서 오는 출혈이고, 두 번째가 수술한 부위의 동맥에서의 출혈이고, 세 번째가 정맥 출혈인데 순서대로 상황이 어려워진다 했다. 이어 7시. 나는 다시 병실용 침대에 그대로 실린 채 수술실로 옮겨졌다. 수술실로 가면서 문화원장 선거가 아무래도 마음에 쓰였다. 이렇게 모든 일이 어렵게 될 줄 알았으면 아예 나서지나 말 것을 잘못했다는 생각이 들었다. 나보다 더 건강하고 일을 잘할 수 있는 인물에게 양보할 것을 그랬다는 생각에 마음이 복잡해졌다.

"여보. 문화원 일은 정 원장하고 상의하고 집안일은 아이들하고 상의해서 하기 바래요."
우리는 또다시 수술실 문 앞에서 영원히 헤어지는 사람들이 되어 있었다. 그것은 연거푸 수술실 앞에서의 결별 연습이었다.
수술실 앞에만 오면 환자를 옮기는 젊은이는 꼭 이렇게 말을 한다.
'더는 가실 수 없습니다. 하실 말씀이 있으면 하시지요.'
이 말이 또 사람 마음을 아프게 해준다. 그 급박한 시간, 짧은 시간에 무슨 말을 해야만 할까? 나는 마음속으로 '미안하다'는 말을 하고 싶었다. 사실 아내한테 미안한 일이 한두 가지가 아니었던 것이다. 그러나 미안하다는 말은 뭔가 모자란 것 같고 염치없다는 생각이 들었다.
"여보, 고마웠어요."
힘없는 목소리로 말했다.
"여보, 사랑해요."
내가 과거형으로 한 말에 아내는 현재형으로 답해왔다. 그리고는 자기의 볼을 나의 볼에 가져다 대주었다. 아내의 볼이 무척 부드럽다는 느낌이 왔다.

2년 전 처음 발병하여 대전 을지대학병원 중환자실에서 입원하여 있는 동안 담당 의사로부터 앞으로 1주일을 넘기지 못할 것이란 말을 듣고 주위에서 유언이라도 받아내라고 종용했을 때에도 아내는 유언을 말하라고 하는 대신 내 볼에 자기의 볼을 가져다 대고 비벼주었다. 평소는 하지 않던 행동이었다. '사랑한다'는 말도 전혀 입에 올리지 않던 말이다. '여보, 사랑해요.' 그 말은 부드러운 메아리가 되어 내 몸을 감싸 안아주고 있었다. 첫 번째 수술에 비해 별로 두렵지도 않았다. 마음이 편안해 왔다. 순조롭게 침대차가 수술실까지 옮겨지고 수술실의 간호사와 젊은 의사들이 힘을 합해 내 몸을 수술대 위로 옮겼다. 그리고는 다시 산소마스크 같은 것이 씌워지고 몇 차례 숨을 쉰 것 같은데 정신을 놓고 말았다.

어쩌다 보니 내가 살아있는 사람이었다. 아니 떨고 있었다. 넓은 방 한 가운데 혼자뿐이었다. 살아있다는 생각을 하고 춥다는 생각을 했더니 더욱 한기가 들었다. 그건 오한 가운데서도 보통의 오한이 아니고 온몸이 벌벌 떨리는 그런 오한이었다. 도저히 참을 수가 없었다.

"간호사 선생님!"

있는 힘을 다해 간호사를 불렀다. 즉각 간호사 한 사람이 다가왔다. 서울아산병원 수술실의 모든 간호사들이 아리잠직하니 예쁘고 상냥한 것처럼 회복실의 간호사도 역시 그러했다.

"깨어나셨군요. 무엇을 도와드릴까요?"

"예, 내가 지금 엄청 추워요. 몸이 떨려 참을 수가 없어요. 어떻게 좀 해주세요."

조금 뒤 간호사는 수건에 싼 핫백 두 개를 가져다가 내 양쪽 겨드랑이에 끼워주었다.

다시 얼마큼 시간이 흘렀다. 간호사는 내 침대차를 밀고 어디론가 데리고 갔다. 그곳은 큰방의 모퉁이를 막아서 만든 조그만 별실 같은 방이었다. 앞에 비닐 커튼 같은 것이 쳐진 듯했다. 훨씬 아늑하다는 느낌이 들었다. 나는 다시 간호사를 찾았다.

"간호사 선생님. 미안한데 부탁이 하나 있습니다. 지금 밖에서 나의 가족들이 나를 찾고 있을 거예요. 나태주 아내 되는 사람을 좀 불러주세요."

나는 될수록 객관적인 생각들을 동원하여 간호사에게 말했다. 조금 뒤에 아내의 얼굴이 보였다. 그렇지 않아도 이른 아침 시간에 수술실로 들어간 사람이 오후 2시가 되어도 안

나오니 매우 걱정스럽고 궁금했다는 것이다. 그러던 차, 회복실의 간호사가 불러서 들어왔다는 것이었다. 그리고서는 이어서 아들아이의 얼굴도 보였다. 아들아이의 얼굴까지 보니 내가 분명 살아 있는 사람이란 확신이 왔다. 휴, 하나님!

어지러운 정신으로 만난 사람들

재수술은 성공적이었다. 두 번 전신마취를 했으므로 폐에 문제가 있고 목구멍이 부어 아프기도 했지만 그런 건 그다지 염려할 일이 아니었다. 코에는 예외 없이 콧줄이 끼워지고 또 산소호흡기가 끼워지고 오른쪽 손의 두 번째 손가락 끝에는 산소측정기가 채워지고 요도 끝에는 오줌 줄이 다시 끼워지고(두 번째 수술 후에 회복실에서 깨어날 때 첫 수술 때 끼웠던 오줌 줄을 내가 손을 휘저어 뽑아버렸다 한다.) 역시 옆구리엔 세 개의 비닐관이 비닐병과 연결되어 있었다. 수술 부위가 아픈 것은 고사하고 한순간 한순간 숨 쉬며 살아 있는 것조차 구차스럽고 힘들었다. 허지만 어쩔 수 없는 일. 그런 과정을 거쳐야만 다시 성한 사람으로 돌아갈 수 있으니까 말이다.

실은 나는 두 번째 수술 뒤에 중환자실로 가도록 되어 있었다 한다. 그래서 그렇게 오랫동안 회복실에 방치된 듯 기다리게 했다는 것이다. 그런데 중환자실에 자리가 나지 않아 다시 일반병실로 옮기게 되었다. 이번에 든 병실은 같은 병동의 6인용 35병실, 자리는 3번 자리, 역시 창변 쪽이었다. 만약 그날 밤 하루라도 중환자실에 들었다면 50만 원의 거금이 들었을 텐데 일반병실로 드는 바람에 만 5천 원으로 해결했다고 나중에 아내가 웃으며 말했다. 어쩐 일인지 수술한 날 저녁 시간부터 물을 먹으라 하더니 다음 날 아침은 죽을 제공하기 시작했다. 개복수술 환자에게 필수적인 가스 배출도 개의치 않았다. 내과 환자에 비해 외과 환자는 회복과정이 아주 빠르게 진행되었다.

재수술 받은 다음 날 아침 회진 시간에 이영주 교수가 병실로 찾아왔다. 이 교수는 회진 시간도 아주 빠르고 정확하다. 7시부터 8시 사이, 어김이 없다. 언제 잠을 자고 그렇게 일찍 나오는지 모를 일이다. 참 의사란 직업이 얼마나 책임이 막중하고 고달프고 또 그런 만큼 훌륭한 직업인가 하는 걸 이영주 교수 같은 분을 보면 더욱 실감하게 된다. 아내와 나는 침대에 앉아 있다가 이영주 교수를 맞았다. 두 사람의 입에서는 약속이라도 한 듯 똑같은 말이 나왔다.
"살려주셔서 감사합니다."
그러나 이영주 교수는 가타부타 아무런 대꾸도 하지 않았다.
"허이 참!"
이 짧은 한 마디가 이 교수의 입에서 나온 말의 전부였다. 대신 한 손으로 나의 어깨를 가볍게 쓸어주고 갔다.

그렇게도 주변에 알리지 않으려 했는데 이번에도 아주 많은 사람들이 병원을 다녀갔다. 제일 먼저 달려온 사람이 청양에 사는 누이동생 연주. 그다음이 동숙이 이모 내외. 서규광 목사, 조중선 권사, 정선아 권사, 유계자 집사 같은 우리 교회 식구들. 승예 처제. 순태 처남 내외. 남동생 선주와 원주. 그리고 소식을 듣고 이번에도 뜨겁게 걱정해준 이준관 시인. 그는 전화로 여러 차례 안부를 물어주었다. 우리 교회의 당회장 목사인 전갑재 목사는 또 전화로 기도를 해 주시었다. '하나님 은혜를 이성으로보다 신비로 깨달으라.'는 것이 기도의 핵심이었다. 또다시 그 모든 분들에게 고맙고 빚진 마음이다.

기도의 용사

두 번째로 내가 수술실에 들어가 있는 동안 아내는 또다시 정신이 반쯤은 나간 상태였다. 그래서 그녀는 마음속으로 '남편과 함께 세상에 오래 머물러 살고 싶다고, 오직 하나의 소원이라고, 남편 없는 세상은 한 순간도 생각할 수 없다'고 기도하고 있었다 한다. 사람은 이렇게 형편이 다급하면 그 생각이나 소망이 단순하고 소박하고 간절해지게 마련이다.

그러면서 그녀는 급박한 마음으로 물에 빠진 사람이 지푸라기라도 잡듯이 우리가 다니는 공주중앙장로교회의 한 여자 집사에게 전화를 걸었다. 유계자 씨. 나한테 글공부를 한 인연이 있고 2년 전 아팠을 때에도 펄펄 뛰면서 울었던 사람이다. 뿐더러 온 교회 신도들에게 알려 3주 동안 나를 위해 철야 작정기도를 하게 한 장본인이다. 아내는 처음 당신만 알고 기도해 주세요, 라고 부탁했는데 유계자 씨는 또 다급한 마음으로 당회장 목사님에게 기도를 부탁해 일이 복잡하게 되었다.

목사님은 아무런 의심도 없이 새벽기도 시간에 내 이름을 부르며 기도를 했고 새벽기도 시간에 참석한 여러 신도들이 그 사실을 알게 되었다. 이 소식이 밖으로 나가 나중에는 문화원장 선거에 후보로 나선 다른 후보들의 귀에도 들어가게 되었다. 그래 후보자들이 내가 병원에서 큰 수술을 받고 누워있다는 얘기를 공공연하게 하고 다녔던 것이다.

두 번째 수술 뒤 정신을 차리고 나서 나는 아내로부터 내가 병원에서 재수술까지 받은 사실을 교회 식구들에게 알렸다는 사실을 들었다. 아연 긴장하지 않을 수 없는 일이었다. 그렇게 되면 어떻게 하나? 세상엔 비밀이 없는 법이다. 교회에 귀와 입이 많을 텐데 만일 교회 밖으로 나가면 그 상황을 어찌 수습하나? 나는 아내에게 왜 그랬느냐, 따지듯 묻기도 했다. 그렇지만 그날 밤의 정황으로 보아선 어쩔 수 없었노라 했다. 또 문화원장 선거의 일보다도 생명의 일이 더 급한 일이고 중요한 일이 아니겠느냐 말했다.

나는 대뜸 문화원장의 입후보를 포기해야 되겠다는 말을 했다. 그러나 아내는 그렇게 소홀히 처리할 문제가 아니라고 말했다. 아직 그렇게까지 서둘러 결정하고 속단할 때는 아니라는 것이었다. 그건 아이들 생각도 마찬가지라는 것이었다. 한동안 고심 끝에 나는 정재욱 문화원장에게 전화를 걸어 자초지종을 알렸다. 후계구도를 제대로 했어야 했는데 이렇게 몸이 안 좋아 수술을 하고 병원에 누워 있는 입장이 되어 미안하게 되었노라, 개인적인 입장에서 사과도 덧붙였다. 정 원장도 처음에는 놀라는 기색이었다. 내일이라도 당장 병원으로 와 보겠다고 했다.

전화를 건 것이 5월 10일 일요일인데 다음날 정오 시간 못

미처 병실로 정 원장이 찾아왔다. 매우 미안스런 마음이 들었다. 정 원장은 나의 병세며 얼굴을 살피고 나서 이만하면 다행이라며 조속히 건강을 회복하여 퇴원한 다음, 일을 도모해 보자고 했다. 그러면서 정 원장은 누군가한테 전해들은 바에 의하면 내가 병원에 누워 있는 사실을 공주시장이 알고 있더란다. 어떻게 해서 비밀이 샜을까 모르겠노라 말했다. 마음 약한 아내는 자기가 교회에 기도를 부탁하느라 알렸다고 이실직고하려는 걸 내가 눈짓으로 말렸다. 정 원장은 아마도 병원 안에 입원해 있던 환자나 방문객이 보고 그리 되지 않겠나 하면서 화제를 다른 곳으로 돌렸다.

정 원장이 다녀가고 난 뒤, 나는 생각해보았다. 현실적으로 보아 숨기고자 했던 사실이 들통 난 것은 많이 불편하고 손해 보는 일이다. 문화원장 선거에 입후보자로 나서고 있는 나로선 치명적인 일일 수도 있다. 그러나 그날 밤 아내가 유계자 씨에게 알리고 다시 목사님에게 알려 많은 사람들로부터 기도를 받은 일은 참으로 고맙고 감사한 일이다. 문화원장 선거에서 이겨 문화원장의 자리를 얻는 것보다 생명을 얻는 것이 얼마나 귀중한 일인가 말이다. 천하를 얻는 일보다 자기 생명을 얻는 일이 더 중요하다 하지 않던가.

또 나는 생각해보았다. 내가 비록 불리한 입장에 있고 약점을 가지고 있다 하더라도 나를 사랑하는 사람들이 많게 되면 그 약점과 불리한 입장을 십분 막아주고 보충해주지 않을까 싶은 생각이 들었다. 그것은 엉뚱한 배짱이었을까. 아니다. 그것이 사랑의 힘이고 믿음의 세계다. 그 사랑의 힘을 믿기로 하자. 끝내 우리가 돌아가 안길 곳은 교회가 아니겠는가. 그렇다면 나에게 있어 유계자 씨 같은 사람이 한 사람 나에게 있다는 건 눈물 나도록 고맙고 감사한 일이겠다. 유계자 씨는 이렇게 이번에도 나에게 기도의 용사로 그 자리에 서 있었던 것이다.

병원에서 맞은 아내의 회갑

　병원 생활을 하면서 가장 미안한 사람은 아내이다. 이번에도 또 아내에게 매우 미안스러운 일이 일어났다. 아내가 병원에서 자기의 회갑 날을 맞게 한 일이 그것이다. 아내는 소띠. 음력으로 1949년 4월 20일 생. 늘 자기 생일이 '모래 생일'이라고 말하곤 했다. 양력으로 바꾸면 5월 14일. 이번의 병원 입원 기간이 5월 6일부터 5월 18일까지였으니 딱 그 중간에 끼어버린 것이었다. 평생에 한 번 뿐인 회갑 날을 병원에서 병든 남편을 간호하면서 얼음밥을 먹게 하다니! 두 아이들은 이런 점에서 나를 비난하고 나쁘다 그랬지만 나로서는 또 어쩔 도리가 없는 노릇이었다.

　그래도 아내는 자기 회갑을 병원 생활을 하면서 맞이하게 된 것보다 내가 다시 생명을 얻고 살아난 일이 더 없이 기쁘고 감사한 일이라 말했다. 같은 병실 다른 환자의 보호자들과 이야기하는 동안에 아내는 이렇게 말하곤 했다.
　"나는 남편 없이 혼자 사는 세상을 생각할 수 없어요. 만약 남편이 잘못되면 따라서 죽고 말 거예요."
　이런 아내의 말을 듣고 앞자리 환자의 부인은 시큰둥한 투로 대답했다고 한다.

"열녀 났네, 열녀 났어!"

실상 열녀가 별스런 사람인가. 남편을 위해 최선을 다하고 남편의 목숨을 건지기 위해 몸을 던지는 여자가 열녀가 아니겠는가.

아내와 나는 그날 처음으로 병원의 동관 7층에 있는 옥상 정원으로 바람 쐬러 나갔다. 역시 모처럼 맞는 바깥바람이 자극적이었다. 화창한 5월의 날씨. 싱그런 바람이 불고 있었다. 제법 우북하게 자라나 실록을 이룬 나무 이파리들이 바람에 배때기를 뒤집으며 출렁대고 있었다. 마치 그것은 초록의 바다 위에 파도가 치는 것 같았다. 이 7층 옥상 정원은 2년 전에도 자주 와 걷기 운동을 하던 장소이다. 이렇게 다시 환자가 되어 같은 장소에 같은 사람이 오다니! 생각해보면 어찌 답답한 일이 아니겠는가.

아내와 나는 나무 그늘 밑에 마련된 기다란 나무의자에 나란히 앉았다. 그러다가 나는 앉아 있기도 힘들어 나무 의자 위에 기다랗게 누웠다. 하늘에는 희끄무레 구름이 떠있고 구름 사이로 옥빛 하늘이 터져 보였다. 한동안 누워있었더니 자꾸만 내 몸이 하늘로 떠올라 구름 사이 옥빛 하늘 사이로 빨려 들어가는 것 같은 착각에 빠졌다. 그것은 하나의 환상이었을까. 그날 밤 병원에 들어온 뒤 처음으로 시 몇 편을 썼다.

배를 가르고 피를 많이 흘리고
남의 피를 받아 목숨을 잇고 나서
아흐레 만에 병원 뜨락 나무 긴 의자에
거꾸로 누워 바라보는 5월 하늘이
너무나 맑고 푸르러 새삼스레 눈물겹구나

이승의 것 아닌 것처럼 보이는
연두색 빨강색 단풍 잎새
바람이 지날 때마다 살랑살랑
아기 손바닥을 흔드니
하늘의 숨결이 저러하지 않을까

누워 있는 몸이 자꾸만 하늘 속으로
빨려 들어가려고만 한다
둥둥 풍선이 되어 하늘로 떠오르려고만 한다
이러다가 내가 아주 하늘의
숨결이 되는 건 아닐까

기인 꿈속의 한 풍경 같은 한 날이
내게 또 있었다.

―나태주, 「하늘의 숨결」 전문

한숨만 자자
한숨만 자자
아니 한숨만 깨어있자
한숨만 깨어있자
나는 지금 두 번째 마취에서
깨어나고 있는 중

창밖에 거센 바람이라도 부는지
높은 가지
출렁대는 초록의 말꼬리 끝에
새 한 마리 앉았다간 날고
날았다간 앉는 걸 본다.

—나태주,「새 잠」전문

「풀꽃」이란 시

나의 시 가운데 「풀꽃」이란 이름의 짧은 시가 있다. 2002년 5월 9일, 상서초등학교 교장으로 있을 때 아이들이랑 학교 정원에서 풀꽃 그림을 그리면서 아이들과 대화한 내용을 쓴 것인데 많은 사람들이 좋아해주는 시이다. 이 시가 세상 사람들에게 보다 가깝게 소개된 것은 일찍이 이해인 수녀시인에 의해서이다. 이해인 시인은 자기의 홈페이지에 이 시를 올리고 자기가 좋아하는 작품 가운데 하나라고 썼던 것이다. 그 뒤 여러 사람들이 좋다고 말하기도 하고 여기저기 인용해서 쓰기도 했던 것이다.

자세히 보아야
예쁘다

오래 보아야
사랑스럽다

너도 그렇다.

—나태주, 「풀꽃」 전문

그런데 이 시가 나에게 병원 생활 도중 두 차례나 좋은 소식을 선물해 주었다. 말하자면 행운을 가져다 준 시가 되었던 것이다. 첫 번째는 2년 전 처음 병이 나 입원했던 대전을지대학병원에서였다. 그때는 병세가 호전되다가 다시 나빠져 1인용 병실에서 허우적대고 있을 때였다. 아마도 4월 중순쯤이었을 것이다. 병실 창밖으론 연일 황사 하늘이 펼쳐지고 멀리 새로 꽃을 피우는 가로수들이 지향 없이 보이던 날들이었다.

계속되는 고열과 해열제 투여로 비 오듯 하는 발한發汗 과정을 거듭하고 있던 나의 병실 안으로 몇 사람의 낯선 얼굴이 찾아왔다. 자기들은 부산시 당담 2동 동사무소 직원들이라고 소개했다.(그 가운데 한 사람이 조건종이란 사람이었을 것이다.) 나의 시「풀꽃」이 자기네 동민들의 시〔동시洞詩〕로 선정되어 시비로 만들어 세우기로 했는데 허락해달라는 얘기였다. 좋은 곳에 쓰이는 거니 물론 허락한다고 대답해 주었다. 그 때 나는 나의 작은 시 한 편이 세상에 나가 사람들한테서 좋은 평가를 받는다는 데에 대해 조그만 기쁨을 가진 바 있다.

그건 이번에도 그랬다. 두 번째 수술을 받고 나서 하루 이틀 힘겹게 지내고 있을 무렵 서울의 푸른길출판사 김선기 사장으로부터 한 통의 전화가 걸려왔다. 그녀는 내가 다시 병원에 있다 하니 놀라면서 그래도 좋은 소식이 있어 알리는 거라 했다. 다름이 아니라 바로 그「풀꽃」시가 초등학교 2학년 2학기 국어과 교과서에 실리게 되었다는 것이다. 나는 사실 그동안 나의 시작품이 한 편도 교과서에 실리지 않은 사실에 대해 매우 섭섭하게 여겼던 사람이다. 다른 또래 시인들의 시는 교과서에 잘도 실리는데 말이다.

　그럼 왜 하필이면 김선기 사장이 그 사실을 알고 내게 전화를 하게 되었을까? 그건 또 한 권의 책으로 비롯되는 이야기다. 교직 정년을 앞두고 초등학교 아이들에게 기념으로 줄만한 책을 남기고 싶어 시 해설을 넣어 시 선집 형태의 시집을 김선기 사장의 푸른길출판사에서 낸 일이 있다.『이야기가 있는 시집』이란 책이 바로 그것. 그 책 속에「풀꽃」이란 시를 넣고 그 시를 쓰게 된 경우를 소상히 적어 넣었는데 교과서를 만드는 사람들이 보고 좋다고 여겨 책에 수록하게 되었던 모양이다. 책이란 또 이렇게 엉뚱한 곳에 가서 저 나름 뿌리내리고 나 대신 자생력을 얻어 살아가는 생명체 노릇을 하고 있었다.

　어쨌든「풀꽃」이란 시는 나에게 두 번씩이나 그것도 병원 생활 가운데 기쁜 소식을 전해준 시가 되었다. 어쩐지 그 일 하나만으로도 나에게 좋은 일이 일어날 것 같은 희망의 뿌리가 되었고 병상을 털고 일어날 것 같은 소생의 확신을 심어주었던 것이다. 인터넷에 뜬 신문기사를 통해 부산시 당감 2동에서는 처음 내게서 허락받아간 대로「풀꽃」시를 아담한 돌에 새겨 2008년 10월 17일 시비 제막식 행사를 갖기도 한 것을 알기도 했다.

병실 안에서 만난 사람들

　병원 생활을 하다 보면 평상시 만날 수 없었던 사람들을 만나는 경우가 있다. 의사나 간호사들 같은 분들도 그렇지만 같은 환자의 신분으로 만나는 경우, 특별한 사람이 있을 수 있다. 다 같이 병이 깊어 병원에 들어온 사람들. 세상의 모든 이력과 배경을 지워버리고 오직 환자일 뿐인 사람들. 그 사람들의 모습을 통해 내 자신을 재발견하게 되기도 하고 자신이 처지를 재확인하기도 하고 자신의 처지를 오히려 감사하게 여기는 계기로 삼기도 한다.

　지난번 병원 생활에서도 같은 방 환자들 가운데에서 당뇨병의 합병증으로 고생하는 사람들을 보면서 많은 것을 느낀 바가 있다. 질병 가운데 당뇨병이란 병이 인간을 참으로 비참하게 만들어 죽음으로 이끌고 가는 병이란 것을 그때 알았다. 차라리 그것은 몸서리치도록 무서운 고문이었다. 인간의 몸 구석구석을 분해하듯 망가뜨리는 것이 당뇨병이다. 인간의 최후에 남은 존엄성마저 훼손하리 드는 것이 당뇨병이다.

　이번에도 한두 사람, 병실에서 특별한 환자를 만난 적이 있다. 두번째 수술을 하고 회복기에 들어갈 즈음 내 앞자리 침대에 키가 크고 훌쭉하니 크고 깡마르고 머리가 벗겨진 남자 환자가 새로 들어왔다. 알고 보니 그는 지방의 종합병원에 치과과장으로 근무했던 의사환자였다. 병명은 담도암. 의사도 병이 들 수 있다는 것을 새롭게 느꼈다. 이야기 도중 그는 나보다 한두 살 나이가 어린 사람이었고 또 우리 고향 서천군 기산면 막동리에서 바로 이웃되는 마을인 영모리에서 출생하고 성장한 사람이라는 것을 알게 되었다. 덕분에 그와 함께 고향인 서천에 대한 많은 이야기를 나눌 수 있었다. 그는 아름아름 나의 이름을 알고 있었다. 한 두 차례 신문이나 책에 난 나의 이름을 보았노라 했다. 나는 그의 주소와 이름을 적으면서 퇴원하게 되면 책을 한 권 보내주마 했다.

역시 같은 병실에 만난 췌장암 환자. 그는 서울 신림동에 사는 사람이라는데 갑자기 몸이 안 좋은 것 같아 병원에 들렀다가 췌장암 말기 판정을 받고 수술한 환자로 넋이 반쯤은 나가 있었다. 이게 무슨 날벼락이냐는 표정이었다. 의사의 진단은 앞으로 1년 정도 생존 가능이라는 것이었다. 그는 자신의 병을 쉽사리 받아들이지 못하는 것 같았다. 그것은 대학생 시절 만나 연애 결혼했다는 부인도 마찬가지인 성싶었다. 병원에서는 별다른 대책도 없이 퇴원을 시키는 것 같았다. 다만 집에 가서 이러 이러하게 섭생을 하고 투병하라고만 권면하는 수준인 듯싶었다. 우리 방에는 대부분 중증환자들뿐이었다. 처음엔 나도 암환자인 줄 알았던 모양이다. 그런데 보호자끼리 이야기하는 과정에서 비록 재수술까지 했지만 가볍게 퇴원할 환자란 것을 알게 되었다. 내가 또 췌장염으로 죽을 고비를 넘겼다는 말을 듣기도 하였다. 마침 그 환자가 퇴원 수속을 마치고 계산서가 나오기를 기다리는 시간이었다.

　병실 안으로 전도하러 다니는 한 여성이 전도지를 들고 들어왔다. 병실 안에서는 흔히 볼 수 있는 풍경이다. 김삼환 목사가 시무하는 서울명성명교회에서 나온 전도인이라 했다. 그 여성은 나한테 와서 전도지를 주고 나와 함께 김삼환 목사와 명성교회에 대해 한동안 이야기를 주고받았다. 그리고는 나를 위해 기도를 해주었다. 나는 간절한 마음으로 '아멘' 하고 받아들였다. 그러고 있을 때 앞자리의 췌장암 혼자가 벌떡 자기 자리에서 일어나 내가 있는 쪽으로 건너왔다. 그는 다짜고짜로 나에게 물었다.

"그럼, 선생님도 췌장을 앓으셨습니까? 그런데 좋아지셨습니까? 그럼 나도 살 수 있을까요?"
　그건 너무나 의외의 돌출행동이요 예상 밖의 질문이었다.
"그럼은요. 얼마든지 사실 수 있습니다. 문제는 살 수 있다는 본인의 믿음과 기어코 살아야겠다는 의지입니다. 그러기 위해서는 예수를 받아들이고 믿음을 가져야 합니다."
"그럴까요?"

　그가 어벙벙한 표정을 짓고 있을 때 나는 방안에서 아직 나가지 않고 머뭇거리고 있던 명성교회 전도인을 불렀다.
"명성교회 집사님, 이리 좀 와보시지요."
　전도는 빠르게 이루어졌다. 명성교회 집사님은 수순에 따라 예수를 구주로 받아들이겠느냐 묻고 아멘으로 화답하라고 요구했다. 그는 힘겹게 '아멘'하고 화답했다.

"많이 우셔야 돼요. 우셔야 구원을 받을 수 있고 또 마음이 후련해집니다. 저도 얼마나 울었는지 모릅니다. 마음 놓고 소리 내어 우시기 바랍니다."

나는 그에게 울기를 권하며 그의 손 위에 나의 손을 얹었다. 명성교회 전도인의 기도가 끝났을 때 정말로 그의 얼굴은 눈물로 범벅이 되어 있었다. 우리가 기도를 마치고 나자 그 환자의 딸이 간호사실로부터 계산서를 가지고 왔다. 조금 있다가 그 환자는 여러 차례 뒤를 돌아보며 병실을 나갔다. 나는 웃으며 그에게 손을 흔들어 주었다. 참으로 그것은 급박하게 이루어진 전도의 순간이었다.

그다음으로는 비껴서 앞자리에 입원해 있던 환자. 그는 40대 중반쯤 되는 남자환자로 간암 말기라 했다. 키가 헌칠하니 크고 머리숱이 짙고 얼굴도 갸름하니 잘생긴 남자인데 남쪽 끝 완도에서 사는 사람이라는데 며칠 뒤 고향에서 중학교 1학년에 다니는 딸아이가 올라오면 간이식 수술을 받는다 했다. 이 얼마나 답답하고 안타까운 노릇이겠는가. 겨우 중학생 되는 딸아이한테서 간을 제공 받다니! 다른 환자들의 경우에서도 보면 아들아이보다는 딸들이 아버지에게 간을 제공하는 사례를 여럿 보았다. 그러고 보면 여자는 나이와 관계없이 나면서부터 모성이나 측은지심 같은 요소를 그 내면에 간직하고 태어나는 게 아닌가 싶은 생각이 들었다.

그 환자를 바라보면서 내내 어둡고 마음이 편치 않았다. 그는 처음엔 정신이 말짱했는데 시간이 지남에 따라 이상한 행동을 자주 했다. 밤에 잠을 자지 않고 병실 안을 돌아다닌다든지, 나중에는 수면제를 복용하고 자다가 수면제가 덜 깨어 병실 안의 화장실 하나 제대로 찾지 못하고 다른 환자가 자는 침대 구석에 들어가 바짓가랑이를 내리고 오줌을 눈다든지……. 여러 날 뒤에는 눈까지 보이지 않게 되어 눈을 감은 채 더듬적거리며 음식을 먹는 것을 보았다. 질병이란 인간을 저토록 불쌍하게 만드는구나. 아직은 팔팔하게 살아야 할 40대인데 남은 생애를 어찌 견디며 살아갈꼬? 내내 마음이 편치 않았다.

    빗겨서 앞자리
    겨우 40이나 넘겼을까 말까 한 남자 환자
    윤기 나는 머릿칼에다가
    매초롬하니 갸름한 얼굴

    이틀 뒤엔 남쪽 끝 진도로부터
    중학교 1학년 다니는 딸아이가
    엄마와 함께 와 간 이식
    수술을 해준다 한다

    간암 말기 판정이라서
    딸아이 간이 아니면
    다시 사람일 수 없다는 것이다

    하나님, 40살 넘길 무렵 저에게
    저런 일이 없게 하신 것을
    감사합니다

    하나님, 더구나 우리 딸아이
    중학교 1학년 때 저런 일 없었던 것을
    더욱 감사합니다.
                —나태주,「없었던 일에 대한 감사」전문

또다시 악몽에 시달리다

지난번 병원 생활 중에도 이상한 꿈을 많이 꾸었는데 이번 병원 생활에서도 보통 때 꾸지 않던 이상한 꿈을 많이 꾸었다. 주로 아이들이 나오는 꿈이었다. 그런데 그 아이들은 정상적인 모습의 아이들이 아니라 기형의 아이들이었다. 사진이나 영화에서 본 외계인 같은 형태의 아이들, 비틀리고 이즈러진 모습의 아들이었다. 또 그들은 얼굴 빛깔이 약간은 푸르스름하기도 했다. 수술을 받고 회복하는 기간에 그런 아이들이 밤마다 꿈에 나타나 나를 끌고 어디로인가 가자고 꼬이기도 하고 매서운 눈초리로 바라보다가 사라지기도 하고 그랬다.

마치 기차와 같이 여러 개의 방이 연결되어 있는 집이었다. 조그만 통로로 그 집의 방들을 왔다 갔다 했던 것 같다. 창문은 열려 있거나 부서져 있는 듯했다. 언젠가 내가 가르친 제자네 집이라고 했다. 비교적 유복했고 잘 사는 제자네 집 가운데 조명주네 집이라고도 했고 김성림이네 집이라고도 했다. 어른들은 집에 안 계시고 제자들이 그 집의 주인이 되어 있었다. 어디선가 가랑잎 갈리는 소리가 스산하게 들리고 있었다. 맨 나중 방에 가보니 그 방에는 책이 빼곡하게 꽂혀 있었다. 책 가운데는 함석헌 선생이 쓴 『뜻으로 본 한국 역사』란 책도 있었다. 초간본 같았다. 반가운 마음에 그 책을 뽑아 펼쳐보았다.

책장이 기름에 절인 듯 누렇게 변해 있었다. 누군가 책을 읽다만 듯 갈피에 이름을 쓴 쪽지가 끼워져 있었다. 거기에는 대전에서 출판사를 운영하는 여성시인인 안현심이란 이름이 적혀 있었다. 비록 꿈속에서였지만 참 이상한 일이기도 하구나 그런 생각이 들었다. 책을 들여다보고 있을 때 방의 한 구석 틈이 터지더니 괴상한 모습의 아이들 몇이 나타나 유심히 나를 노려보면서 지나갔다. 그 눈길이 별로 유쾌하지 않았다. 다시 보니 그 아이들이 사라진 벽은 나무숲으로 된 엉성한 울타리 같은 것으로 변해 있었고 그 아이들은 꾸불꾸불한 길로 사라졌다. 마치 그 길은 푸르딩딩한 빛깔에다가 끈적끈적한 느낌이 드는 것이 고무로 만들어져 있는 것처럼 여겨졌다. 나는 기분이 좋지 않아 슬그머니 그 꿈을 빠져나와버렸다.

여러 차례 기형의 아이들이 나오는 꿈을 꾸었으나 그다음으로 선명하게 기억되는 것에는 이런 것이 있었다. 백담사라 했다. 무언가 신선하고 초록빛 같은 것이 가득 차 있는 공간이 펼쳐졌다. 명시적으로 눈에 보이는 건 아니지만 어딘가에 백담사 회주인 오현 스님이 있다고 했다. 꿈속에서도 오현 스님은 아주 특별한 사람이었고 약간은 두렵고 존경스럽고 신비한 인물이었다. 만해시인학교인지 국제 학술세미나인지 행사를 개최한다면서 참석자들 몇 사람씩을 묶어서 조 편성을 한다고 했다. 그런데 시인들이 조장을 맡아야 한다고 했다. 내 이름도 나오겠거니 기다렸으나 끝내 나타나지 않았다. 모두가 낯선 시인들 이름뿐이었다. 다만 이승훈이란 이름만 아는 시인 이름이었다.

나는 논두렁 같은 길을 한참 동안 걸어 넓은 마당 같은 곳으로 갔다. 그 마당에는 책들이 다락같이 쌓여 있었다. 차라리 책들은 하늘 높은 곳까지 올라가 있는 것 같았다. 대개가 우편으로 배달된 책이거나 증정 받은 책들인데 어떤 것은 피봉을 벗기지 않은 채이고 어떤 것은 끈으로 묶은 채였다. 나는 호기심이 발동하여 그 산같이 쌓인 책더미를 올라가 보았다. 조금만 발을 움직여도 몸이 쑥쑥 위로 올라갔다. 나는 위로 올라가면서 책 모서리에 쓰여있는 책 이름들을 읽어보았다. 책을 살피다 보니 책과 책들 사이에 볼펜들도 끼워져 있었다. 행사 때 선물로 주는 그런 볼펜인데 어떤 것은 아주 고급의 것이기도 했다. 한 번도 사람 손이 타지 않은 것도 있었고 조그만 케이스에 보관된 것도 있었다. 문득 나는 그 볼펜들이 탐이 났다. 아마도 몇 개 빼내어 주머니에 넣었던 것 같기도 했다.

그런데 하늘 쪽에서 누군가 그런 나를 훔쳐보고 있다는 느낌이 왔다. 하늘 쪽에 CCTV같은 것이 장치되어 있을 거라는 생각이 들었다. 더럭 겁이 나서 책 무더기에서 내려가야지 하는 순간 발이 주루룩 흘러내려 땅바닥에 닿았다. 그때 문득 두서너 명의 꼬마 아이들이 내 앞에 나타났다. 내가 가르친 일이 있는 제자들이라 했다. 아이들은 아주 조그만 키에 세모진 얼굴을 가지고 있었다. 반가운 생각이 들었다. 그러나 아이들은 전혀 그렇지 않은 것 같았다. 아이들은 내가 책

더미를 오르면서 책의 모서리를 읽은 것도 알고 있었고 볼펜 몇 자루를 훔친 것도 알고 있었다. 그 아이들 중 맨 앞에 있는 아이가 말했다.
"책더미 위에 올라갔었죠? 그리고 볼펜도 훔쳤죠?"
그건 매우 당황스런 질문이었다.
"얘야, 그렇지만 한 번만 눈감아다오, 너희들은 나한테 배운 아이들이 아니냐?
"안돼요. 그럴 수 없어요. 오현 스님에게 데리고 가야만 돼요."
세모진 얼굴의 키 작은 아이는 얼굴을 홱 옆으로 돌리면서 말했다. 그것은 너무나도 단호하고 매정한 거절이었다.

나는 놀라지 않을 수 없었다.
'이 아이들이 오현 스님을 어떻게 알고 있을까?'
오현 스님이 나를 좋게 여기고 있다는 걸 내가 알고 있는데 나를 오현 스님 앞으로 데리고 가 책을 훔쳐보고 볼펜을 훔친 사실을 고해바치다니, 이거야말로 망신이 아니고 무엇이랴.
그러자 앞에 있던 세모진 얼굴의 아이가 책 더미 반대쪽을 손가락으로 가리키며 말했다.
"왜 이런 산골 구석에 비행장이 있는가 싶었는데 가끔 이렇게 책을 훔쳐가는 도둑이 있어 비행기로 도망가기 위해 비행장을 만든 거로구나."
그건 또 하나 새롭고 놀라운 사실이었다. 그쪽을 보니 키가 큰 초록빛 소나무들의 숲을 있었다. 겁에 질린 나는 용트림을 하듯 꿈속을 빠져나왔다. 어쩌면 솔밭 사이 비행장에 숨어 있는 비행기를 타고 나왔을 지도 모른다는 생각이 들었다. 나는 조심스럽게 침대 머리에 있는 전등을 밝히고 짧은 시 한 편을 적었다.

> 세상 뜨는 날 티끌 하나
> 건져가지도 못할 테면서
> 세상의 쓰레기들
> 무엇하러 훔치러 드는가?
> 훔쳐서는 길길이 쌓아두려 하는가?
> 나에게는 특히 책, 볼펜, 명성,
> 인간적인 친분 같은 것들.
>
> ─나태주, 「오현 스님을 꿈에 만나」 전문

뜬눈으로 지새운 밤들

외과 치료는 내과 치료와 많이 달랐다. 두 번이나 수술을 했으나 밥도 빨리 먹게 하고 주사도 별로 오래 놓아주지 않았다. 진통제와 함께 4~5일 주사 줄을 달고 있었을까. 주사를 끊고 나서도 별다른 투약이 없었다. 다만 간호사들이 내가 집에서 가지고 온 내과 약을 반납받아 가지고 있다가 시간에 맞추어 나누어주곤 했다. 외과 치료는 내과 치료와 달리 단순 명쾌하고 그 치료의 진행 속도가 빨랐다. 하루에 한두 차례 간호사들이 와서 수술 부위에 달아놓은 비닐 병에서 분비물을 제거하는 일을 해주었다. 다만 오줌 줄은 비교적 오래 끼고 있었는데 내가 혹시 소변 배설이 힘들어 하지 않을까 싶어서 담당 의사의 배려로 그리된 일이었다.

재수술받은 지 8일 만인 5월 16일 새벽 3시 30분경, 레지던트 1년차인 장지웅 닥터가 찾아와 수술 부위에 실밥을 뽑아주고 분비물 제거용 비닐 병을 떼어주고 소독약을 발라주었다. 내 몸에는 이제 주사기도 그 어떤 부착물도 붙어있지 않게 되었다. 실은 담당 의사인 조휘돈 닥터가 그런 조치들을 해주었어야 하는데 외과 의사들 대부분이 주말을 맞아 경주로 세미나 차 출장을 갔으므로 비상근무인 1년차 장지웅 닥터가 대신해서 해준 일이이라 했다. 깊은 새벽 시간인데 병실을 돌며 환자치료를 해주다니! 수련의사의 고달픔이 보통이 아니라는 생각이 들었다. 장 닥터가 다녀간 뒤 아내가 나의 배 위에 손을 얹고 간절한 목소리로 기도를 해주었다.

"하나님 아버지. 이번에도 남편과 함께 집으로 돌아가지 못할뻔했습니다. 생과 사의 갈림길에서 내 남편을 돌려주신 하나님! 남편의 몸을 통하여 기적을 보여주신 하나님께 영광과 감사를 드립니다. 길이요 진리요 생명이신 하나님. 너희가 기도할 수 있는데 무슨 걱정이냐, 그러셨지요? 쉬지 말고 기도하라, 범사에 감사하라, 항상 기뻐하라, 그러셨지요. 내 남편이 가는 길이 어두운 밤길입니까? 밝은 등불이 되어 주시고. 넘어야 할 산이 있습니까? 올라야 할 고개가 있습니까? 올바른 지팡이가 되어주시고, 건너야 할 강이 있습니까? 튼튼한 다리가 되어주소서."

그날 밤 실밥을 뽑고 나서 더이상 잠을 이루지 못했다. 아내가 다시 잠든 뒤에도 나는 침대에 누운 채로 창밖을 내다보며 밤을 꼬박 지새웠던 것이다. 이제 하루 이틀만 지내면 퇴원하게 된다고 생각하니 더욱 잠이 멀어졌다. 퇴원하여 치룰 문화원장 선거에 대한 생각을 하니 더욱 복잡한 심정이 되었다. 넓은 통유리창을 통해 바깥 풍경이 환하게 내려다보였다. 병원의 넓은 야외주차장은 텅 비어 있는데 다만 수없이 많은 외등들이 줄을 지어 서 있었다. 마치 외등들은 커다란 눈을 부릅뜨고 텅 빈 주차장을 지키는 살아 있는 짐승들 같았다.

지난번 앓을 때에도 병실 밖의 불빛을 보면서 지새운 밤이

더러 있었지만 이렇게 새벽 시간에 깨어 창밖을 보면서 꼬박 밤을 지새우는 일은 살아가면서 그리 흔한 일이 아니다. 나는 아예 잠자는 일을 포기하고 창밖의 외등 불빛이나 보면서 그 밤을 지새우리라 마음먹었다. 그랬더니 오히려 마음이 편안해졌다. 그날 밤 외등 불빛도 시간에 따라 다른 모습을 보인다는 걸 알았다. 깊은 밤 외등의 불빛과 새벽녘의 외등 불빛이 전혀 달랐다. 깊은 밤 외등 불빛은 새하얀 불빛을 자랑한다. 뭔가 팽팽한 느낌이 들고 충만감이랄지 정적감이랄지 긴장감 같은 것 까지 맴돈다. 지극히 명상적이기까지 한 불빛이다.

그러나 시간이 지남에 따라 새벽이 되고 동틀 무렵이 가까워지면 외등의 불빛은 점점 불그스름한 빛깔로 변하게 된다. 불빛이 퍼져 보이고 해이감을 느끼게 된다. 불빛 주위로 피로감 같은 것이 감돌게 된다. 그러다가 어느 순간 날이 밝으면 전등불이 탁 꺼지게 된다. 그러나 나는 한 번도 전등불이 그렇게 확실하게 꺼지는 순간을 본 적이 없다. 어쩌다 보면 켜져 있는 외등이거나 다시 한눈팔다 보면 또 꺼져 있는 외등이거나 그 둘 가운데 하나였다. 그만큼 순간을 만나기는 어려운 일이다. 두세 시간 창밖의 외등을 지키면서 나의 가슴 속에서는 한 줄의 문장이 떠올랐다가 가라앉았다가 했다.
'아침은 멀었는가? 그래 아침은 멀었는가?'
아침 시간이 되면서 새로 교대하여 들어온 간호사에게 병원에 있는 동안 내가 수혈을 얼마나 받았는지 물어보았다. 대답은 붉은 피 13봉에다가 노랑 피(혈장) 7봉, 도합 20봉이 된다는 것이었다. 어, 그렇게도 많은 수혈을 받았더란 말인가. 짐짓 놀라지 않을 수 없었다.

멋쟁이 하나님

 퇴원이 가까워지면서 더욱 병원 생활이 지루하고 따분해졌다. 병원 생활이란 환자에게 기다림과 초조함과 불안감과 지루함의 뒤범벅이다. 될수록 벗어나고 싶은 감방 생활 바로 그것이다. 5월 17일 일요일 오후 시간에 담당의사인 조휘돈 닥터가 찾아왔다. 전날 새벽 실밥까지 뽑고 분비물 제거용 비닐 병까지 떼어낸 나의 모습을 확인하고 밝은 표정을 지었다.
 "내버려 두었더니 저절로 나왔군요."
 그러면서 조휘돈 닥터는 나의 시 한 편을 외울 수 있노라 말했다. 입원 초기 내가 시 쓰는 사람이라 밝히고 '네이버'든 '다음'이든 나태주를 클릭해보라 그랬는데 그 말을 듣고 정말로 인터넷 검색을 해보았던가 보다.

 오래
 보고 싶었다

 오래
 만나지 못했다

잘 있노라니
그것만 고마웠다.

—나태주, 「안부」 전문

더듬더듬 시를 외우면서 얼굴을 살짝 붉히는 젊은 외과 의사가 참으로 신선하고 아름답다는 느낌이 들었다. 다음에 외래로 병원에 올 때 시집을 한권 사인해 선물해야겠다는 생각을 했다.

드디어 5월 18일. 유난히 햇살이 밝고 눈부신 날. 오전 7시 20분경. 주치의인 이영주 교수가 마지막 회진을 왔다. 이영주 교수는 서울아산병원에서도 수술을 잘하기로 이름난 교수다. 특히 간암 수술을 잘하고 간 이식 수술은 국제적으로 인정받는 의사이다. 카리스마가 강해 누구도 그 앞에 가면 기가 죽게 되어있다. 듣는 말로는 이영주 교수가 그동안 자른 간의 양만 해도 조그만 산이 하나 될 만하다고 한다. 이영주 교수는 담당의사인 조휘돈 닥터와 레지던트 4년 차인 김윤석 닥터를 대동하여 왔다. 본래 이영주 교수는 환자를 살피면서도 말을 길게 하지 않는 의사이다. 짧고 간결하게 본론만 분명히 말하고 휑하니 가 버리는 걸 여러 차례 보아왔다. 그러나 그날은 달랐다. 아주 특별히 길고 상세히 말해주었던 것이다.

"환자가 고생을 많이 하시었습니다. 힘든 수술이었습니다. 담낭에 오래 동안 염증이 있었던 데다가 담낭과 간장 사이에 기형의 핏줄이 여러 겹으로 엉켜있었습니다. 쪼그라든 담낭이 간에 붙어버려서 간도 조금 절제해야만 했습니다. 드물게는 수술 후에 간에 고름이 잡히는 경우도 있는데 깨끗하게 나아서 다행입니다. 의사인 저로서도 처음 경험하는 일입니다. 배꼽 부위 상처에서 출혈이 있었는데 그 또한 흔하지 않은 일로 교과서에나 나오는 일입니다. 다시 열어 출혈 부분을 정확히 잡았습니다. 건강하게 퇴원하시게 되어 다행입니다."

내가 특별하긴 특별한 체질인가 보다. 그러기에 입원 기간 동안 병원 측에서 나의 유전인자(DNA)를 연구목적으로 채취하여 사용하겠으니 허락해달라는 동의서를 받아가기도 했나 보았다. 이영주 교수가 다녀가자 아내는 다시 기도를 드렸다. 말하자면 퇴원 감사기도였던 셈이다.

"어찌어찌하다 보니 2주일 동안 병상에서 어푸러지고 자쳐지고 그러면서 지냈습니다. 처음엔 4박 5일 정도 가벼운 마음으로 찾은 병원입니다. 그러나 그동안 여러 차례 급박한 상황으로 고비를 많이 넘겼으나 만병의 대의사 되시는 하나님, 이영주 교수님의 손길 위에 한없이 크신 능력을 펼치시사 기어코 살려주시니 감사합니다. 하나님 아버지. 이번에도 정말로 죽을 뻔했습니다. 남편의 뱃속이 떡이 되어있었습니다. 하오나 수술해주시고 살려주시니 감사합니다. 그날 밤에 고비가 있었습니다. 잘 아시지요, 하나님. 그러나 주님께서 잘 막아주시고 붙잡아주시었습니다. 떠나는 기차를 부여잡고 애타게 부르짖는 마음이 너무나 힘들었습니다. 이번에도 불쌍하고 보잘것없는 아녀자의 부르짖음을 거절하지 않으시고 들어주신 하나님 감사합니다. 그날 한나절이라는 시간이 또 너무나도 길었습니다. 어쩌면 다시는 살아서 보지 못할 남편이었습니다. 저는 남편 없이는 살지 못하는 여자입니다. 다시 남편과 함께 공주 집으로 돌아갈 수 있도록 해주시니 감사합니다. 이번에 다시금 하나님 크신 은혜를 깨달을 수 있는 기회를 주시니 감사합니다. 이번에 또다시 이별 연습을 했습니다. 저의 남편을 저에게 돌려주시니 감사합니다. 내 하나님이시여. 너희가 기도할 수 있는데 무슨 걱정이냐, 하시었습니다. 하나님께서 우리 남편의 장기를 이전보다 더욱 튼튼하게 치료해주옵소서. 집에 가서도 날로 빠른 회복을 주실 줄 믿사옵고, 문화원장의 일도 잘되게 하시고, 교회제단에서나 지역사회에서도 마지막 봉사와 사명 잘 감당할 수 있도록 도와주실 줄 믿나이다. 그의 맘속에 하나님이 계시게 하옵시고 하나님 맘속에 그가 살아 있도록 하옵소서. 항상 오늘이 세상 끝 날이라 믿고 살게 하옵시고, 하나님 살아계심을 믿으며 이 다음날 기도하면서 고통 없이 부름 받아 천국갈 수 있도록 은총 내려주옵소서."

아내의 기도는 이렇게 언제나 강물같이 길고도 멀고도 아득하고 간절하다. 아내가 기도할 때마다 나는 '아멘'으로 화답하거나 '주님의 뜻을 이루소서'라는 말로 토를 달거나 기도를 보탠다. 하지만 아내가 기도할 때마다 은혜를 받는 사람은 따로 또 있었다. 바로 옆 침상에 있는 암환자였다. 그는 운동을 하려고 병동 복도를 오갈 때 만나 자청해서 그랬노라 나한테 이야기를 들려주었던 것이다. 퇴원을 위한 계산서는 10시 못 되어서 일찍 나왔다. 이 또한 특별한 일이었다. 다른 환자들 퇴원할 때 보면 보통 12시에서 1시 사이에 계산서가 나오던데, 아마도 지난 토요일부터 간호사들에게 퇴원 수속을 서둘러 달라고 여러 차례 부탁한 말이 효과를 나타낸 듯싶었다. 환자복을 벗고 평상복으로 갈아입고 간호사실에 가 간호사에게 왼쪽 팔목에 채워진 환자용 팔찌를 잘라 달라고 팔목을 내밀었다. 아릿하고 어여쁜 간호사는 가위로 그 팔찌를 자르면서 경쾌하게 말했다.
"나태주 님, 이제 해방이에요!"

병원 생활 기간 12일. 결코 긴 기간은 아니다. 하지만 그 언제보다도 화끈하고 긴장되고 놀랍고 특별한 병원 생활이었다. 퇴원하여 11일 만에 공주문화원장 선거를 어렵게 치렀다. 그러나 결과는 나의 승리였다. 병원에서 그토록 내가 병원에 입원해 있던 사실이 알려질 것을 두려워하고 걱정했는데 그런 모든 결함들이 깨끗이 극복된 것이다. 후보자는 나까지 세 사람. 76명 참석 유권자 가운데 한 후보가 4표, 또 한 후보가 31표, 내가 41표, 50퍼센트가 넘는 지지로 당선된 것이다. 이 사실을 전화로 전해 들은 우리 교회의 조중선 권사는 대뜸 이렇게 말하는 것이었다.
"아, 멋쟁이 하나님! 내 그럴 줄 알았어요. 우리 하나님 참으로 멋져요."
하나님을 찬양하는 표현을 이적지 여러 가지로 들어보았지만 '멋쟁이 하나님'이란 말을 들어보기는 또 처음이다. 그러나 두 번씩이나 벼랑 끝 위기에서 목숨을 구해주신 하나님. 또 때마다 적기에 퇴원하게 하신 하나님. 그리고는 이루고자 하는 일을 이루게 하신 하나님. 그 어찌 멋쟁이 하나님이 아니시겠는가!(2009)

살고 싶어서 산다
— 에필로그

누구나 사람들은 살고 싶어서 살고 죽고 싶어서 죽는다. 이것을 알아야 한다. 삶의 의지와 지향이 중요하다. 아무리 건강하고 젊은 사람이라도 그가 죽고 싶으면 죽는다. 자살이 그것이다. 자살은 자기 살인을 줄인 말.

하지만 아무리 병약한 사람이라도 자기가 살고 싶으면 살아남는다. 그것이 바로 생명의 속성이다. 나 또한 살고 싶어서 살았다. 죽을 지경이 되었지만 살고 싶은 마음이 더 강해서 살았다. 사람들은 이 점을 잘 모르거나 가끔 잊어먹는 것 같다. 살아지는 것이 아니다. 살아내는 것이다.

그러므로 모든 생명은 거룩한 것이고 순간순간의 삶은 빛나고 아름다운 것이다. 자기한테 지면 죽는다. 자기를 포기하면 죽는다. 우리는 죽지 않기 위해서는 자기한테 자기가 지지 않을 필요가 있다. 대략 사람들은 죽음이 우리를 찾아오는 줄 알지만 사람이 죽음을 찾아가는 것이다.

어찌 우리가 나이 든 사람이 되었는가? 나이 든 내가 나를 찾아왔는가? 아니다. 내가 나이 든 나를 찾아간 것이다. 날마다 순간마다 죽음을 부정하고 죽음과 반대쪽으로 영혼의 촉수를 세워 푸르게 싱싱하게 살아야 할 일이다. 그러므로 이 책은 질병에 대한 책이지만 더 많게는 죽음에 관한 책이기도 하다. 아니다. 그 너머 삶에 대한 책이다.

내가 1부의 글을 쓴 것은 2007년 8월부터 12월까지다. 그 글을 쓰고 나서 나는 참으로 신비한 경험을 했다. 6개월 동안 병원에서 가졌던 불안하고 무섭고 떨리던 마음을 송두리째 내려놓는 경험이 그것이었다. 글을 쓴다는 것이 그토록 대단한 일이다.

그런데 정작 아내는 12월이 지나도 병원에서의 그 절박감과 불안감을 떨치지 못하고 있었다. 거꾸로 그녀가 환자가 되어 있었다. 심신이 지치고 피로해서 그랬을 것이다. 아무도 모르는 산중으로 들어가 혼자서만 살고 싶다는 말을 입버릇처럼 했다.

나는 아내에게 내가 쓴 글을 읽어보기를 권했다. 여러 날 집중하여 글을 읽고 난 아내의 마음에 변화가 오기 시작했다. 불안했던 마음이 조금씩 차분해지고 있는 것이었다. 글이란 것이 참 대단한 능력을 가졌다. 치유의 기능이 있고 사람을 끝내 살리는 힘이 숨어 있었던 것이다.

현재 나의 몸은 많이 망가졌지만 기능만은 별 탈이 없는 편이다. 우선 망가진 장기가 여러 군데다. 쓸개 적출에다가 간장 일부 적출. 췌장 4분의 3이 망가짐. 신장 역시 4분의 3

이 망가짐. 그리고 뇌동맥 돌기가 네 군데. 그리고 다른 사소한 여러 부분의 문제점들. 다만 날마다 살아 있고 숨 쉬고 활동하는 사람인 것만이 감사할 따름이다.

나는 병원에서 나와서도 한참 동안 나의 치아가 반 도막으로 잘려나간 걸 깨닫지 못했다. 어느 날 치과병원에 갔을 때 의사가 나의 치아가 반 도막이 났다고 알려 주어서야 비로소 알게 되었다. 기억을 더듬어 보니 첫 번째 입원한 병원 중환자실에서 있을 때 심하게 이를 갈아서 그렇게 되었다는 걸 알았다. 하도 심하게 이를 간 나머지 이에서 나온 가루가 혓바닥 위에 소복이 쌓여 간호사에게 도움을 청했던 일이 아슴프레 기억에 남았다.

어떻게 좀 도와달라고 호소하고 또 호소했지만 간호사들은 나의 청을 들어줄 생각을 하지 않았다. 어차피 머지않아 죽을 사람이니 그냥 내버려 두어도 좋겠다는 판단에서 그랬을 것이다. 그때 나는 생각했다. 내가 이 병원을 나가기만 해봐라. 내가 너희들 그냥 가만두나 봐라. 잔뜩 오기를 머금고 두 주먹을 오그려 쥐고 있었다. 지금 와서 생각해보면 그런 오기와 모진 마음이 그 아픔의 세상에서 나를 끝내 견뎌내게 하고 살렸지 싶다.

중환자실에 있을 때도 한 번 더 죽음 연습을 한 일이 있다. 나중에 들어보았더니 그것이 한밤중이었다는데 아내와 아들아이가 불려오고 담당의사가 불려왔다. 나는 담당의사에 대해서 좋아하는 마음을 가지고 있었다. 어떻게 하든지 저 의사가 나를 살려주겠지 싶은 믿음도 있었다. 눈을 감고 누워있는데 두세두세 사람들 음성이 가까이 왔다. 아내와 아들아이 목소리가 있었다. 느낌이 좋았다. 담당의사가 내 쪽으로 몸을 기울였다. 어디선가 아지 못할 향기 같은 것이 번지는 듯싶었다. 내가 어디 먼 나라, 이를테면 프랑스나 이탈리아 그런 유럽의 어느 해 밝은 나라에 가 있는 것 같다는 느낌이 왔다. 이 모든 느낌이 그 여자 의사한테서 온다고 나는 믿고 있었다. 기다려 봐도 내가 죽지 않으니까 다시 그들은 흩어져 갔다.

중환자실에 있을 때 유독 많은 사람들이 면회 온 날이 있었다. 보고 싶던 사람, 정다웠던 이들이 차례로 내 앞에 나타났다. 그들은 몸을 구부려 내 쪽으로 향한 채 무슨 말이든 자기가 알고 있는 가장 좋은 말을 나에게 들려주려고 애썼다. 기분이 좋았다. 어느 평화로운 풀밭 언덕에 누워있는 게 아닌가 하는 착각이 왔다. 그들이 나에게 몸을 구부릴 때마다 나는 그들로부터 경배받는다는 생각이 들었다. 아, 내가 이렇게 위대한 사람이 되었구나. 몸이 공중으로 뜨는 느낌이 왔다.

하지만 중환자실에서 나와 2인실로 나왔을 때 너무도 몸이 아픈 것을 느꼈다. 특히 등의 뼈 부분이 그렇게 아플 수가 없을 만큼 아팠다. 심지어 나는 침대의 스프링이 모두 터져 나와 나의 등 뼈를 찌르고 있다고까지 생각했다. 그래서 아들아이와 아내더러 침대 바닥 부분을 살펴보아 달라고 부탁하기까지 했다. 그들은 침대 바닥은 여전히 판판하고 멀쩡하니 걱정하지 말라고 대답해 주곤 했다.

이제 와 생각해보면 꿈만 같은 일이다. 하지만 이런 아프고 힘든 기억들이 오늘날 나를 잘 살게 하는 원동력이 되고 있다. 더러 사는 일이 지치고 짜증나고 힘겨울 때마다 나는 중환자실에서 이를 갈면서 보내던 날들을 떠올린다. 오늘 내가 이렇게 살아 있는 사람인 것이 얼마나 고마운 일인가. 지금도 뜨거운 음식을 먹으려면 이에 통증이 온다. 뜨거운 음식이 닳아진 치아 부분에 닿아서 그렇다. 하지만 그것이 나의 생명 감각이다. 아, 나는 이 순간도 살아 있구나 싶은 환희이기도 하다. 비록 내가 젊은 나이는 아니지만 '살아난다는 보장만 있다면 젊은 시절에 죽을병에 한 번 걸려보는 것도 나쁘지 않겠다'는 그 말이 나의 이야기가 되었음을 감사하게 여긴다.

삶은 어떠한 순간, 어떠한 사람의 것이든 그것은 빛나는 것이며 아름다운 것이며 지극한 축복이며 감사이며 행복이며 기쁨, 그 자체이다. 아니 삶 그 스스로 그 자체, 자연, 우주 그 자체, 본질이다. 누구든 삶 앞에서 헛소리하지 말라. 죽지 못해서 산다. 죽고 싶다. 마지 못해서 산다. 그런 말 하지 말라. 이는 삶에 대한 모독이다. 다만 살고 싶어서 산다. 끝내 살아내고 싶어서 기어코 살고 싶어서 사는 것이 삶이다. 어느 날 중환자실에 오셔서 죽어가는 아들을 두고 다급한 나머지 나에게 들려주신 우리 아버지 말씀대로 '이 세상은 아직도 징글징글하도록 아름답고 빛나는 세상'인 것이다.

실상 나의 일생은 스캔들이 별로 없었던 밋밋한 일생이었다. 그런데 인생 후반에 와서 제 몸을 가지고 크게 한 번 사고를 치고 말았다. 3일만 산다는 목숨이 12년을 더 살았다.

덤으로 받은 인생, 선물로 받은 인생에 대해서 감사를 드린다. 또 이런 목숨을 허락하신 신과 가족, 친지, 벗이며 이웃들 앞에 고개 숙여 사랑을 드린다. 날마다 날마다 나는 기적의 사람이다. 그렇다면 당신 또한 기적의 사람이 아니라고 할 수 없는 일이다.(2019)

제3부

병상 시편

그 실은 멀리 갔던 길

카드를 버리고 안경을 버리고
지갑과 휴대전화도 놓고
물론 구두도 벗고 옷도 벗고 맨몸으로
그 실은 조금은 멀리 갔었다
잔잔한 강물 같다고나 할까
어둠과 고요로움 속으로 쫓아올 수 없을만큼
멀리 갔었다
코끼리 무리 같은 미루나무 숲 같은 검은 그림자가
지평선 위에 웅얼거렸지만
텀벙텀벙 물소리 같은 것은 나지 않았다
워낭소리 같은 것도 들리지 않았다
다만 고요의 심연이었다
뒤에서 두 아이가 애타게 부르고
아내가 목 놓아 불렀지만
아무런 소리도 아랑곳하지 않았다
다만 앞으로 앞으로만 나아가질 뿐
뒤돌아보는 일이 몹시도 힘겨웠다
다만 고요로웠다
이대로 계속해서 가면 되는 일이었다
오직 백 프로의 부정과 불가능에 맞선 일 프로의 기적
신의 보이지 않는 긍정과 선택이 나의 밤에 있었다.

누군가가 어깨를 쳤다

누군가가 어깨를 쳤다
툭, 소리가 났었던 것 같고
어깻죽지에 서늘하고도 선명한
느낌이 왔던 것 같다
고개를 돌려 올려다보았을 때
펄럭, 누군가의 옷자락이 사라졌다
아마 亞麻 빛이었을까
옷자락이 사라진 허공은 옥빛
동그란 우물처럼 올려다보였다.

한밤중의 꽃가지

꽃가지 하나가
삐딱하게 몸을 눕혔다
활짝 핀 꽃송이 둘에
오므린 꽃봉오리 하나가
더 달린 꽃가지
쓰러진 꽃가지를 일으켜 세우려고
눈빛에 힘을 모아보았지만
여간해서 꽃가지는
일으켜지지 않았다
여러 번 시도한 끝에 나는
그 일을 그만두기로 마음먹는다
삐딱한 꽃가지가 비로소 편안해진다
이쪽의 마음도 따라서 편안해진다.

월요일

반짝이는 일곱 날 가운데에서 하루
연둣빛 눈을 가진 첫날
창밖에 바람이 와서 문을 두드린다
할 말이 있어서 먼 데서부터 왔어요
꽃이 피어나기 시작했다니까요
들판에 초록 물감이 진하게 들어가고
강물도 새롭게 목소리 가다듬어 흐르기 시작했다니까요
샛노란 병아리를 사다가 마당에 풀어놓는 사람도 보았고
텃밭을 새롭게 일구는 많은 사람들을 보았어요
오면서 많은 말들을 잃어버렸나 봐요
반짝이는 일곱 날 가운데서도 하루
이만 일어나셔야 해요
지금은 밖으로 나오실 때예요
연둣빛 눈을 가진 첫날
바람이 창가에 찾아와 이야기하자고 조른다.

새봄

무슨 일이 일어나긴
일어난 모양이에요
그렇지 않고선 이렇게
가슴이 울렁거릴 까닭이 없어요
한 소금 잠든 사이
한숨 몇 번 내쉬는 사이
하기야 이름 모르는 꽃들이 피어나고
나무의 푸름 더욱 푸르러지고
바람의 맛이 많이 달라졌다고요……
그런 것 말고 무엇인가
아주 중요한 일이 일어나긴
일어난 모양이에요
그렇지 않고선 이렇게
가슴이 울렁거릴 일이 아니에요
지구에게 혹은 나에게.

울던 자리

여기가 셋이서 울던 자리예요
저기도 셋이서 울던 자리예요
그리고 저기는 주저앉아
기도하던 자리고요

병원 로비에서
복도에서
의자 위에서
그냥 맨바닥 위에서

준비 안 된 가족과의 헤어짐이
너무나도 힘겨워서
가장의 죽음 앞에 한꺼번에 무너져서

여러 날 그들은
비를 맞아 날 수 없는
세 마리의 산비둘기였을 것이다.

카네이션

나 같은 것도 어버이라고
꽃을 받는다
병원 침대에 누워
어질어질한 정신으로
어버이날 꽃을 받는다
하얀 꽃 카네이션 아니라
붉은 꽃 카네이션
고맙고 눈물겹지만
실은 많이 부끄럽다.

어버이날

공휴일 병원 한 구석 휴게실 의자에
하얀 머리 남자와 검은 머리 남자가
나란히 앉아 서로 손을 만지작거리고 있다

아직도 많이 아픈 거여?
검은 머리가 하얀 머리의 손등을
어루만지면서 반말 투로 말을 건넨다
응, 아직은 그려

주사를 많이 맞아 퉁퉁 부어오른
하얀 머리의 손등을 5월 햇빛이 내려와
정겹게 비춰주고 있다

한때는 어른이었고 아이였던 두 남자
아버지란 이름과 아들이란 이름으로 만났던 두 남자
이제는 친구가 된 두 남자.

간병인

누울 자리가 아무래도 비좁아
활처럼 몸을 구부리거나
덮개가 부족하여 다리 하나가
밖으로 비죽이 나와야 했다
무언가 소중한 것을 잃지 않겠다는 듯
두 손을 웅크려 쥐고 있다
저 여자, 어렸을 적
운동회 전날 밤 잠든 모습이 저러했을까
설날이나 추석날 꽃고무신 선물로 받고 그 고무신
두 손에 말아 쥐고 저렇게 잠을 잤을 것이다
어쩌면 지금 꿈속에서 어린아이가 되어
맨발로 뛰어놀고 있을지 모를 일이다.

교직의 마지막 꿈

아이들과 넓은 운동장에서 마음껏 뛰어놀고 싶었는데
아이들에게 재미있는 이야기들 더 많이 들려주고 싶었는데
아이들과 함께 올갠 반주에 맞추어 예쁜 노래들 많이 많이
불러보고 싶었는데

이제 43년 교직생활의 마지막 꿈은
오랫동안 혼자 지내던 교장실의 잡동사니들
내 손으로 치우고 교장실 문을 나서는 일이다.

소리

금식 석 달 째
부럽다 꿀꺽꿀꺽
소 물 먹듯 목구멍을
타고 넘어가는
물 마시는 소리.

부탁 1

너무 많이 울지 말아요
서러워 말아요

엄마의 손에 이끌린 어린아이가
꽃길을 걸어와 꽃길을 잊어버리듯

이런 저런 기억들을
부디 잊어버리기 바래요

눈물이나 슬픈 생각보단
아름다운 노래를 들려주어요.

병원 여행

긴긴 날 구부린 새우등
황사노을 취한 하늘

짐 벗고 홀로 돌아가는
노새, 가벼운 걸음걸이

파초나무 너른 이파리
맑고도 찬 샘물을 찾아서.

빚

원수지간이라고
뒷걸음치다가 똥을 밟은 꼴이라고
그렇지 않고서는 어찌 두 달, 석 달, 넉 달
병원 간병인용 쪽침상에서
웅크린 짐승처럼 지낼 수 있겠느냐고
울먹이는 아내

아내여, 우리 다른 세상에서는
절대로 만나지 말기로 하자
만난다 하더라도 눈빛도 맞추지 말고
스쳐버리기로 하자

그렇지만 아내여
또 다른 세상에서 만나지 못한다면
이토록 높다랗게 쌓인 빚 덩이
어찌 다 덜어낼 수 있단 말이냐…….

행운의 항목

그에게는 날마다 나가는 일터가 있었다
좋은 이웃도 많았다
그러나 그는 그것이 행운의 항목임을 알지 못했다

그는 정다운 가족들과 함께 살았다
오래 만나지 못했지만 그리운 마음으로 만나고 싶은 사람들도 많았다
그러나 그는 그것이 행운의 항목임을 알지 못했다

세상에는 그를 사랑하는 사람들이 많았다
그를 위해 눈물 흘려주는 사람들도 있었다
그러나 그는 그것이 더없는 행운의 항목임을 알지 못했다

그 모든 것을 알게 되었을 때 그는 이미
그 모든 항목들로부터 멀리 비켜난 사람이 되어 있었던 것이다.

목숨의 강물

아들아이 어려 돌 지났을 때
초등학교 들어가기 전
열에 들떠 헛소리하고 눈동자가 돌아갔을 때
안고 업고 허둥지둥 뛰어다니며
한 발이 하수구에 빠지기도 하고
엎어지기도 했는데

오늘은 내가 어이없는 병을 얻어
아들아이 흐느적거리는 애비를
휠체어에 싣고 이곳저곳 찾아다니며
하소연에 통사정에 눈물바람이다
생각은 오직 한 가지
살려내리라 꼭 살려내리라

이 깊고도 멀고도 가느른 목숨의 강물이여.

비원

절대로 나는 혼자서는 집으로
돌아가지 않을 겁니다

이것은 못나고 못 배운 시골 아낙일 따름인
우리 아내의 기도

하나님, 한 번도 저 아낙의 기도를
거절하지 않으신 하나님
이번에도 꼭 들어 응답해주실 줄 믿나이다.

링거

푸줏간에 높이 걸린 고깃덩이들

그래도 반짝이는 순간순간의 생이 고맙지 않겠냐고
하루에도 몇 번씩 중얼거려보았습니다.

짝사랑

병원 침상에 오래 누워 있다 보니 알겠다
한 번쯤 소식 듣고 와줄 법도 한 사람
끝내 얼굴 보여주지 않는 걸 보니
나 혼자만 짝사랑하지 않았나 하는 생각

병원 침상에 오래 누워 있다 보니 알겠다
애달피 기다리지도 않았던 사람
찾아와 내 손을 부여잡고 나의 맨발에 얼굴을 묻고
눈시울 붉히며 기도하는 이 사람

이 사람의 짝사랑을 어찌하면 좋단 말이냐!

카네이션을 드리며 어머니께

나, 참으로 오랫동안 어머니 가슴에
지워지지 않는 자줏빛 얼룩이었고
아프고도 아린 돌멩이였습니다
어머니, 세상에 맨 처음 사랑이신 분
오늘은 나 어머니 가슴에 기쁨의
한 송이 꽃이고 싶습니다
하얀 꽃 아니라 붉고도 고운
한 송이 꽃이고 싶습니다.

밥 한 그릇

누가 나에게 밥 한 그릇만 사주세요
금방 밥솥에서 퍼낸 고슬고슬하고 뜨뜻한 쌀밥
그리고 맑은 장으로 끓인 무국 한 그릇
반찬은 청무우 시래기나물, 칠갑산 고사리나물,
호박고지나물, 욕심을 부린다면 칠산 갓김치

그러나 나는 석 달째 밥 한 그릇은 고사하고
물 한 모금도 마실 수 없는 사람이랍니다.

아! 어머니

　무작정 상경 길에 오른 시골 아이들처럼 석 달 동안 입원해 있던 대전의 병원에서 가퇴원 신청하고 짐 빼가지고 이른 아침부터 엠뷸런스를 몰아 서울아산병원에 와 겨우 담당 의사를 만나긴 했지만 입원할 방이 없다 하여 응급실을 기웃대다가 끝내는 맞던 주사라도 계속 맞아야 되지 않겠나 싶어 이웃의 작은 병원으로 향하는 차 안에서 잠시 김남조 선생을 떠올리기도 했다. 이런 때 선생이라면 어떻게 도와주시지 않을까 싶어서였다. 백방으로 뛰어다닌 끝에 아들아이가 겨우 침대 한 칸을 얻어 거기 널브러졌을 때 첫 번째로 전화 주신 분이 김남조 선생이셨다. 아침부터 어쩐지 느낌이 이상하여 전화를 하셨다는 것이다. 아! 어머니.

두 사람의 시계
— 수술실

여기서부터는 더 이상 따라오실 수
없습니다
마지막으로 하실 말씀이 있으면
하시지요

철커덕
커다란 철문이 한 번
열렸다 닫히고 나면
그뿐

한 사람의 시계는
문안에서
내장을 드러내놓은 채
멎어있고

또 한 사람의 시계는
문밖에서
바들바들 떠는 시계 바늘 되어
멎어 있어야만 했다.

노부부

한 사람은 휠체어에 앉아
먼 산에 눈을 주고 있고
또 한 사람은 창 쪽으로 돌아앉아
얼굴의 화장을 고치고 있다

고요하다. 아침.

저녁

풍경, 저 너머 무엇이 있을까?
오늘도 하루는 고요하고 평화롭고
아까도 새 두 마리 날아갔는데
또 새 두 마리 바쁘게 날아간다.

꽃이 되어 새가 되어

지고 가기 힘겨운 슬픔 있거든
꽃들에게 맡기고

부리기도 버거운 아픔 있거든
새들에게 맡긴다

날마다 하루해는 사람들을 비껴서
강물 되어 저만큼 멀어지지만

들판 가득 꽃들은 피어서 붉고
하늘가로 스치는 새들도 본다.

부탁 2

너무 멀리까지는 가지 말아라
사랑아

모습 보이는 곳까지만
목소리 들리는 곳까지만 가거라

돌아오는 길 잊을까 걱정이다
사랑아.

시간

누군가 한 사람 창가에 앉아
울먹이고 있다
햇빛이 스러지기 전에 떠나야 한다고
한 번 가선 돌아올 수 없는 길을
가야만 한다고
그 곳은 아주 먼 곳이라고
조그만 소리로 속삭이고 있다
잠시만 더 나와 함께 여기
머물다 갈 수는 없나요?
손이라도 잡아주고 싶어 손을 내밀었을 때
이미 그의 손은 보이지 않았다.

입원

인간은 평등
인생 계급장 떼고
리콜된 제품.

인생

화창한 날씨만 믿고
가벼운 옷차림과 신발로 길을 나섰지요
향기로운 바람 지저귀는 새소리 따라
오솔길을 걸었지요

멀리 갔다가 돌아오는 길
막판에 그만 소낙비를 만났지 뭡니까

하지만 나는 소낙비를 나무라고 싶은
생각이 별로 없어요
날씨 탓을 하며 날씨한테 속았노라
말하고 싶지도 않아요

좋았노라 그마저도 아름다운 하루였노라
말하고 싶어요
소낙비 함께 옷과 신발에 묻어온
숲속의 바람과 새소리

그것도 소중한 나의 하루
나의 인생이었으니까요.

그날 이후

병원에 다녀 온 뒤 몸이 더 작아졌고
직장을 그만 둔 뒤 마음이 더 작아졌다

날마다 집에서만 지내다가
가끔은 아내 따라 시장에도 간다

아내가 생선을 사면 그것을 들고 다니고
아내가 잔치국수를 먹자 그러면 잔치국수를 먹는다

잔치국수 값은 2천 5백 원
오늘은 이것으로 배가 부르다.

병원행

맨땅에 맨몸으로
지렁이가 시를 쓰고 있다
하나님만 알아보시도록
구불텅 구불텅
나는 저런 시 앞으로도
써보지 못할 것이다.

세상에 취해

요즘 나는 술을 마시지 못한다
마시면 죽는다

그래도 좋은 사람들 만나면 취한다
사람들 눈빛에 취하고
말소리에 흠뻑 취한다

때로는 빈 하늘 보고도 취하고
구름한테 바람한테 취하고
새소리 듣고도 취하고
꽃을 만나면 곤죽이 되어버린다

술 마실 때보다 빨리
그리고 더 많이 취한다.

집

얼마나 떠나기 싫었던가!
얼마나 돌아오고 싶었던가!

낡은 옷과 낡은
신발이 기다리는 곳

여기,
바로 여기.

가을 들길

돌아앉은 사람
오래 전에 버려진 약속
자그마한 소리로 중얼거리며
날이 저문다

해가 지고서도 한참 동안을
흐린 먹물 빛으로 발밑을
더듬적거리다 간다

어머니, 어머니
지금 어디쯤 계셔요?
울고 있는 이 아들이
보이지 않으시나요?

서편 하늘에 걸려 나부끼는
핏빛 노을
누군가 남긴 마지막 시처럼
곱고도 붉다.

다시 9월이

기다리라, 오래 오래
될 수 있는 대로 많이
지루하지만 더욱

이제 치유의 계절이 찾아온다
상처받은 짐승들도
제 혀로 상처를 핥아
아픔을 잊게 되리라

가을 과일들은
봉지 안에서 살이 오르고
눈이 밝고 다리 굵은 아이들은
멀리까지 갔다가 서둘러 돌아오리라

구름 높이, 높이 떴다
하늘 한 가슴에 새하얀
궁전이 솟았다

이제 제각기 가야 할 길로
가야 할 시간
기다리라, 더욱
오래오래 그리고 많이.

희망

날이 개면 시장에 가리라
새로 산 자전거를 타고
힘들여 페달을 비비며

될수록 소로길을 찾아서
개울길을 따라서
흐드러진 코스모스 꽃들
새로 피어나는 과꽃들 보며 가야지

아는 사람을 만나면 자전거에서 내려
악수를 청하며 인사를 할 것이다
기분이 좋아지면 휘파람이라도 불 것이다

어느 집 담장 위엔가
넝쿨콩도 올라와 열렸네
석류도 바깥세상이 궁금한지
고개 내밀고 얼굴 붉혔네

시장에 가서는
아내가 부탁한 반찬거리를 사리라
생선도 사고 채소도 사가지고 오리라.

너무 그러지 마시어요

　너무 그러지 마시어요. 너무 섭섭하게 그러지 마시어요. 하나님, 저에게가 아니에요. 저의 아내 되는 여자에게 그렇게 하지 말아달라는 말씀이에요. 이 여자는 젊어서부터 병과 더불어 약과 더불어 산 여자예요. 세상에 대한 꿈도 없고 그 어떤 사람보다도 죄를 안 만든 여자예요. 신장에 구두도 많지 않은 여자구요, 장롱에 비싸고 좋은 옷도 여러 벌 가지지 못한 여자예요. 한 남자의 아내로서 그림자로 살았고 두 아이의 엄마로서 울면서 기도하는 능력밖엔 없는 여자이지요. 자기 이름으로 꽃밭 한 평, 채전밭 한 귀퉁이 가지지 못한 여자예요. 남편 되는 사람이 운전조차 할 줄 모르는 쑥맥이라서 언제나 버스만 타고 다닌 여자예요. 돈을 아끼느라 꽤나 먼 시장길도 걸어 다니고 싸구려 미장원에만 골라 다닌 여자예요. 너무 그러지 마시어요. 가난한 자의 기도를 잘 들어 응답해주시는 하나님, 저의 아내 되는 사람에게 너무 섭섭하게 그러지 마시어요.

아내

이 지푸라기 머리칼을
언제 또 쓰다듬어주나?

짧은 속눈썹의 이 여자 고요한 눈을
언제 또 들여다보나?

작아서 귀여운 코
조금쯤 위로 들려 올라간 입술

이 지푸라기 머리칼을 가진 여자를
어디 가서 다시 만나나?

부부 1

겨우 겨우 두 마리 짐승이 되다

마주 누워 머리칼을 쓰다듬어주기도 하고
거꾸로 누워 맨발바닥을 주물러 주기도 하고
잠을 잘 때도 마주 잡은 손 쉬이 놓지 못한다

겨우겨우 짐승이 사람보다 윗질인 것을
알게 되다.

부부 2

오래고도 가늘은 외길이었다

어렵게, 어렵게 만나 자주
다투고 울고 화해하고 더러는
웃기도 하다가 이렇게 늙어버렸다

고맙습니다.

아직은 아니다

아직은 아니다

내 곁에 아내 있고
아내 곁에 내가 있으니
이 얼마나 다행스런 일일까 보냐

진땀 흘리며 자고 일어난 아침
눈을 떠보니 눈부신 햇빛 향기론 바람
이 얼마나 감사론 일일까 보냐

지금쯤 어느 산골마을
나무 섶 울타리를 타고 올라가
진한 바다 물빛 나팔꽃은
피어 웃기도 할 것이다

그렇다!
아직은 아니다.

깊은 밤

아버지, '금식'이란 무어야?
침대 머리맡 팻말에 쓰여진 글자를 가리키며
아들아이가 묻는다
'금식'이라…… 아무리 머리를 조아려 보아도
모르겠다
아버지, '금식'이란 무어야?
글쎄다, 앞글자가 '금'이니까 '금고기'가 아닐까?
아들아이는 가타부타 말없이 입을 다물어 버린다
나도 입을 다문다
오늘밤도 잠은 멀고 어둠은 많겠다.

친구 1

아침마다 잠에서 깨어나면
유리창 너머 나에게
인사를 하는 산이 있었다
나도 따라서 고개를 끄덕여
인사를 하곤 했다
안녕하시오 노형
오늘 아침 기분은 어떠시오?
언제부턴가 우리는 그렇게
친구가 되어 있었다.

친구 2

해 저문 날에
급하고 힘들겠다는 소식 듣고
급하게 찾아온 한 사람
오직 이 한 사람으로
나의 마지막 하늘이 밝겠습니다
따뜻하겠습니다

오직 우정이란 이름으로.

감사

이만큼이라도 남겨주셨으니
얼마나 좋은가!

지금이라도 다시 시작할 수 있으니
얼마나 더 좋은가!

연인

꼬치모양으로 생긴 키가 큰 꽃들이
무리 지어 피어 있다 진보랏빛
(나는 그 꽃들을 꼬치꽃이라 이름지어 부르고 싶다)
그래, 꼬치꽃들이 바람에 몸을 흔든다
가까이부터가 아니라
멀리서부터 몸을 흔든다
몸을 흔들며 보랏빛을 공중에 조금씩 풀어 넣는다
춤을 춘다기보다는 서로
이야기를 나누는 것처럼 보인다
몸을 비비며 키들거리는 것처럼 보인다
꽃밭을 배경으로 젊은 남녀 두 사람
마주앉아 아이스크림을 베어먹으며
서로의 이야기도 베어먹고 있는 중,
그들은 배경으로 꼬치꽃들이 피어있다는 것을
알지 못한다
꼬치꽃들을 흔드는 바람에 대해서도 알지 못한다
더구나 진보랏빛에 대해선 알 바 없는 일!
그들 자신이 이미 꼬치꽃이고 바람이고 또
진보랏빛인데 말이다.

*꼬치꽃 : 리아트리스란 꽃을 나 혼자 이름지어 그렇게 부른 것임.

자연과의 인터뷰

구름아, 나하고 이야기하자
어디를 갔었는지 무엇을 보았는지
무척 많이 듣고 싶단다

풀들아, 꽃들아
늬들도 나하고 이야기하자
늬들한테도 들을 얘기가 아주 많단다

아침에 어떤 새들이 지절거렸는지
점심때 바람이 무어라 속삭였는지
나는 너희들이 무척이나 부러울 때가 있단다.

무궁화 꽃이 피었군요
― 이제인 시인에게

무궁화 꽃이 피었군요
장미꽃이 핀 줄은 이미 알고 있었지만
방안에 갇혀 있던 다섯 달 사이

처음 멀리 계단을 올라
뚝방이 있는 곳까지 가 보았더니
무궁화 꽃 위로 잠자리들도 날고 있더라구요

달맞이꽃은 이미 피었다 지고 있고요
습기 머금은 바람 풀꽃 내음 머금은 바람
후끈 코끝에 스며들어요
개망초 꽃들도 새하얗게 피어 있구요

다들 반가워요
잘들 있어줘서 고마워요.

꼬리풀들에게

꼬리풀들아, 안녕!
이젠 알아볼 만하겠지?
니들이 아주 어렸을 때부터
니들 앞에 자주 와 앉아 있던 사람이야
나무의자에서 때로는 휠체어에 앉아서
호이호이 숨을 몰아쉬기도 하면서 바라보았지
가느다란 줄기가 올라오고 이파리가 나오고
다시 줄기가 자라고 이파리가 나오고
이거 첨 보는 친구데
잡풀일까 꽃일까
잡풀이라면 왜 꽃밭에 심었겠어?
자주 중얼거리던 말을 들었을 거야
그런 뒤로 니들은 꽃대를 내밀고
꽃을 피우기 시작했지
순한 짐승의 꼬리처럼 가느다란 꽃대에 다닥다닥 올려 붙은
연한 하늘빛, 조그맣다 못해
눈에 잘 보일까 말까 아주 작은 종 꽃부리
그 종 꽃부리에서 흘러나오는 연한 하늘빛 소리 듣고 싶어
따가운 햇살을 등에 받으며 매미소리 들으며
얼마 동안이고 앉아 있기도 했었지
그러나 꼬리풀들아, 나도 이젠 이 곳을
떠날 때가 가까웠단다
그동안 즐거웠고 고마웠구나
꼬리풀들아, 정말로 안녕!